Roland Krawulsky

Lutherstadt WITTENBERG

Ein Führer durch die Stadt der Reformation

Schmidt BUCH

In der Schlossstraße

Auf einen Blick

Geschichtliches

Unter Albrecht dem Bären, dem großen Askanier, beginnt Wittenbergs Geschichte. Albrecht, von Kaiser Lothar III. als Markgraf der Altmark eingesetzt, eroberte von den Slawen 1157 das Gebiet des späteren Brandenburg und ließ von dort aus seine Truppen nach Süden vorrücken. Burgwarde schützten das Territorium und wurden zu Stützpunkten bei der Missionierung der Slawen. In das Gebiet zog es vor allem flandrische Kolonisten.

Der Ortsname Wittenberg hat so auch niederdeutschen Ursprung, wenngleich der „Weiße Berg" bis heute höchstens mit dem hellen Sand des Elbe-Urstromtals zu deuten wäre.

Die Zeit der Askanier

1180 fand Wittenberg als Burgward-Hauptort im Gau Ciervisti (Zerbst) erstmals Erwähnung. Zu dieser Zeit regierte Bernhard, ein Sohn Albrechts des Bären. Von Kaiser Friedrich I. Barbarossa wurde Bernhard mit der sächsischen Herzogswürde belehnt. Nach seinem Tod im Jahre 1212 spalteten sich die Askanier in die Linien Anhalt und Sachsen, dem späteren Sachsen-Wittenberg. Siebenundzwanzig askanische Fürsten herrschten mehr oder weniger erfolgreich rund 250 Jahre lang von Wittenberg aus.

Die Kreuzung zweier Handelsstraßen und die Schifffahrt auf der Elbe boten günstige Voraussetzungen für eine Stadtgründung, die unter Herzog Albrecht II. 1293 vollzogen wurde, nachdem bereits Albrecht I. die Burg zu seiner Residenz gewählt hatte. Die Askanier bauten Wittenberg planmäßig auf einem Grundriss aus, dessen Konturen noch im heutigen Stadtbild erkennbar sind.

Zwischen 1260 und 1273 entstand im Norden das Franziskanerkloster, das zur Grablege der herzoglichen Familie bestimmt wurde. Wegen treuer Dienste gegen die Bayern belohnte 1355 Kaiser Karl IV. den askanischen Herzog Rudolf I. mit der sächsischen Kurwürde. Damit wurde Wittenberg Zentrum eines von insgesamt sieben Kurfürstentümern des Deutschen Reiches. Das Allerheiligenstift an der Burgkapelle ist seit 1346 nachweisbar, gegründet von Kunigunde, der Gemahlin Rudolfs I. Dieser hatte aus Frankreich einen angeblich echten Dorn aus der Krone Christi mitgebracht und legte mit diesem spektakulären Schaustück den Grundstock für die später beträchtliche Reliquiensammlung zu Wittenberg.

Eine Stadtmauer wurde erstmals 1332 genannt. Sie muss mindestens elf Türme besessen haben. Durch drei Tore gelangte man in die Stadt: im Westen durch das Coswiger Tor, auch Schlosstor genannt, im Süden durch das Elbtor und im Osten durch das Elstertor. Die alte Stadtgrenze umschloss den Grundriss eines rechtwinkligen Dreiecks von ungefähr 15 Hektar Fläche. Die 1 400 Meter lange Grundlinie dieses Dreiecks

Im Stadtpark an den Wallanlagen gibt es dendrologische Kostbarkeiten zu entdecken

verlief am Abbruch einer flachen Schotterterrasse des hochwasserfreien Elbufers.

Die ständigen Geldnöte ihrer Landesherren wussten die selbstbewussten Wittenberger geschickt für ihre Zwecke zu nutzen. Nach und nach erwarben sie fast alle städtischen Rechte, was ein wirtschaftliches Aufblühen der Stadt bewirkte. Neben dem eigenen Münzrecht besaßen sie das Stapelrecht für Getreide, Wein, Holz, Heringe und andere Waren. Zudem betrieben sie freie Schifffahrt und freien Kornhandel auf der Elbe. Gegen die Zahlung von 1000 rheinischen Gulden trat der inzwischen herrschende wettinische Kurfürst sogar die hohe Gerichtsbarkeit ab, wenngleich er sich einen Rückkauf vorbehielt.

Mit dem Tod Albrechts III., der bezeichnenderweise den Beinamen „der Arme" führte, starben die askanischen Herzöge aus. Kaiser Sigismund übertrug am 6. Januar 1423 dem Markgrafen von Meißen und Thüringen Friedrich dem Streitbaren die sächsische Herzogswürde sowie das Kurfürstentum. Die Zentren der wettinischen Macht lagen viel weiter südlich als Wittenberg, längs der Linie Dresden-Meißen-Torgau-Leipzig-Weißenfels-Weimar-Gotha.

1485 kam es zur Teilung der Gebiete, wodurch Herzog Albrecht das albertinische Ostsachsen mit Dresden als Residenz- und Leipzig als Universitätsstadt erhielt. Den anderen Teil beherrschten die Ernestiner. Nach dem Ableben seines Vaters Ernst richtete sich Friedrich III. („der Weise") als Kurfürst im abgelegenen Wittenberg ein. Ob Zufall oder nicht, nun jedenfalls konnte jenes Glanzkapitel in Wittenbergs Geschichte beginnen, von dem die Stadt noch heute ihre Ausstrahlung bezieht.

Martin Luther auf dem Reichstag zu Worms (Gemälde im Lutherhaus)

Die Epoche der großen Namen

Der Rechtsgelehrte und spätere Professor in Wittenberg Christoph Scheurl urteilte über Friedrich den Weisen, er sei unter den Fürsten der Gebildetste und unter den Gebildeten ein Fürst. Und in Abwandlung dessen, was über Kaiser Augustus in Bezug auf Rom gesagt wurde, sprach er davon, dass Friedrich den Ort Wittenberg, welcher an der Grenze zur Zivilisation liege, in eine „Stein"stadt verwandelt habe.

1489, drei Jahre nach seinem Amtsantritt, ließ der Kurfürst das alte Askanierschloss abbrechen und plante den Bau einer Renaissanceanlage in vier Flügeln, von denen jedoch nur drei gebaut wurden. 1503 erfolgte die Weihe der Schlosskirche. Der Renaissancefürst vergab Aufträge an die Werkstatt Riemenschneiders und nahm schließlich Lucas Cranach d. Ä. als Hofmaler in seinen Dienst.

Unter Friedrich dem Weisen wurde die Stadt weiter befestigt und die schon 1455 erwähnte Elbbrücke durch einen Neubau ersetzt. Und es war Friedrich, der 1502, zunächst ohne Einwilligung des Papstes, die erste landesfürstliche Universität

Bei der Ausgestaltung der Schlosskirche wirkte ***Albrecht Dürer*** mit. Schon früh hatte Friedrich der Weise das außergewöhnliche Talent des „Malers Albrecht" entdeckt und sich von ihm 1496, ein zweites Mal dann 1524 porträtieren lassen.

Deutschlands in direkter Konkurrenz zu Leipzig gründete. Bei aller Aufgeschlossenheit war der Kurfürst zutiefst religiös gestimmt. Seine Reliquiensammlung hatte den Ruf, eine der größten des Reiches zu sein. Das von Lucas Cranach d. Ä. illustrierte „Wittenberger Heiltumsbuch“ (1509) gibt eine genaue Beschreibung der bis dahin gesammelten Heiligengegenstände. Elf Jahre später war der Bestand auf über 19 000 Partikel angewachsen; das bedeutete fast zwei Millionen Jahre Erlass des Fegefeuers.

Es mag heute paradox anmuten, dass gerade jener Fürst, der sich durch solcherlei Anhäufungen des ewigen Heils zu versichern suchte, zum Wegbereiter des Mannes wurde, der in eben dieser Praxis den Ansatzpunkt seines Aufbegehrens fand: Martin Luther. Schon dessen erste Vorlesungen zeigten, wie sehr er sich von der mittelalterlichen Scholastik entfernt hatte. Nur das biblisch belegte Wort Gottes gelte; der Mittlerdienst der Kirche sei Tand (wertlos). Mit seinen 95 Thesen schuf Luther schließlich die Grundlage für die Reformation in Deutschland und in vielen Ländern Europas.

1518 wurde der erst einundzwanzigjährige Magister Philipp Melanchthon Professor in Wittenberg. Gleich in seiner Antrittsvorlesung „über die Notwendigkeit der Verbesserung des Universitätsunterrichts“ verkündete er Bildungsziel und Bildungsprogramm des Humanismus und begründete somit seinen Ruf als „Praeceptor Germaniae“ (Lehrer Deutschlands).

Hochburg der Schwarzen Kunst

Die junge Universität ermöglichte schon zwischen 1503 und 1508 die Arbeit von drei Druckereien. In der Folgezeit sollte sich Wittenberg zu einem wichtigen Druck- und Verlagsort entwickeln. Bis zum Ende des 16. Jahrhunderts erhöhte sich die Zahl der Betriebe im Druckgewerbe auf 30. Das Gewerbe prägten berühmte Persönlichkeiten wie Melchior Lotter und Hans Lufft.

Im Mittelalter war Wittenberg eine Fachwerkstadt. Erst allmählich wurde aus der „Torf- und Lehmstadt“ eine „Steinstadt“. Durch die Gründung der Universität und den Bau von Unterkünften für Studenten änderte sich auch das Stadtbild. Auf der bis dahin unbebauten Fläche zwischen Collegien- und Mittelstraße erwuchs eine schmale Häuserzeile. 1530 bis

Die zweite deutsche ***Bibelgesamtausgabe***, gedruckt von Hans Lufft 1541 in Wittenberg

1540 wurde die „Buden"reihe westlich der Stadtkirche nach und nach durch feste Häuser ersetzt. Im Zuge dessen entstanden zwei Plätze: der Markt und der Kirchplatz.

Kriegerische Zeiten

Im Schmalkaldischen Krieg von 1546/47 ging es um den Bestand der Reformation. Die Truppen Kaiser Karls V. standen den im Schmalkaldischen Bund vereinigten protestantischen Fürsten und Reichsstädten gegenüber. In Wittenberg riss man die Turmhelme von Stadt- und Schlosskirche herunter, um auf den so entstandenen Plateaus Kanonen aufstellen zu können. Da aber die Kurfürstin den herannahenden kaiserlichen Truppen die Stadttore öffnen ließ, kam es zu keinen schweren Verwüstungen.

Die Schlacht bei Mühlberg an der Elbe, unweit Wittenbergs, brachte die Entscheidung. Johann Friedrich (der „Großmütige") geriet in kaiserliche Gefangenschaft und musste den Verlust der Kurwürde sowie großer Ländereien hinnehmen. Bereits vorher hatte das „Haupt des Protestantismus" damit begonnen, seine Residenz nach Torgau zu verlegen und sich im dortigen Schloss einzurichten. Johann Friedrich war es auch, der das Torgauer Schloss durch die Cranach-Werkstatt ausmalen ließ. Obwohl er einen großen Teil der Universitätsbibliothek nach Jena brachte, um sie für den Aufbau der thüringischen Universität zu nutzen, konnte der Studienbetrieb in Wittenberg aufrechterhalten werden.

Johann Friedrichs albertinischer Vetter Moritz regierte das Wittenberger Land vom entfernten Dresden aus. Im Dreißigjährigen Krieg weitgehend verschont, wurde Wittenberg jedoch im Siebenjährigen Krieg vernichtend getroffen. Am 30. August 1756 hatten die Preußen die Stadt besetzt und sie beinahe die gesamte Kriegszeit über in der Hand gehalten. Einem Bombardement durch die Reichsarmee fiel dann am 13. Oktober 1760 fast der ganze Westteil der Stadt mit Schlosskirche und Vorschloss, den einstigen Kurien der Stiftsherren, dem ehemaligen Franziskanerkloster und dem Juristenkolleg – insgesamt ein Drittel der Stadt – zum Opfer.

Im Oktober 1806 und noch einmal 1813 rückte französisches Militär in die Stadt ein und baute sie zu einer starken Festung aus. Erneutes schweres Bombardement – diesmal durch die Preußen – dauerte vom 25.

Marktbrunnen von 1617

Modell der Stadtansicht von 1873 (Ausschnitt)
ausgestellt im Zeughaus

bis 28. September 1813 und verursachte großen Schaden in der Stadt und am Schloss. Am 13. Januar 1814 schließlich eroberten preußische Truppen Wittenberg im Sturm. Sachsen musste im Ergebnis des Wiener Kongresses wegen seines Bündnisses mit Napoleon die nördlichen Landesteile (mit Wittenberg) an Preußen abgeben.

Mit der Verlagerung des Universitätsbetriebes nach Halle sank Wittenberg auf den Status einer Provinzstadt, in der ab 1812 ungefähr 8 000 Menschen lebten. Die Stadt erhielt das traurige Antlitz einer preußischen Festung. Aus einstigen Universitätsbauten wurden Kasernen. Das streng reglementierte Leben in dieser Garnisionsstadt behinderte lange Zeit deren wirtschaftliche Entwicklung.

Industrialisierung

1841 erfolgte der Anschluss an das Netz der Berlin-Anhaltischen Bahn; 1859 stand die Verbindung nach Halle, wofür eine Eisenbahnbrücke über die Elbe errichtet werden musste. 1875 konnte man bis Magdeburg bzw. Schlesien reisen. Vier Jahre später war der neue Elbhafen fertiggestellt. Die Niederlegung der Befestigungsanlagen, darunter auch des Elb- und des Elstertores, in der Zeit von 1873 bis 1886 ermöglichte eine allmähliche Industrialisierung. Wittenbergs Einwohnerzahl wuchs von knapp 12 000 im Jahre 1871 auf über 23 000 im Jahre 1913.

Im Vorort Piesteritz entstand ein Stickstoffwerk, das bald schon zum größten Arbeitgeber der Region avancierte und auch eine große Werkssiedlung errichtete.

Erbe der Reformation

Mitte des 19. Jahrhunderts begann eine stärkere Aufarbeitung des reformationsgeschichtlichen Erbes. Auf dem ersten evangelischen Kirchentag 1848 rief Johann Hinrich Wichern in der Wittenberger Schlosskirche zur Gründung der Inneren Mission auf.

In der Stadt des großen Reformators gründete man 1918 die Luthergesellschaft und 1922 den Deutschen Evangelischen Kirchenbund. Bereits 1821 war das Denkmal Martin Luthers auf dem Marktplatz enthüllt worden. Mit der festlichen Eröffnung des reformationsgeschichtlichen Museums Lutherhalle (1883) und der Einweihung der renovierten Schlosskirche (1892) wurden die Bemühungen fortgesetzt, den Gedenkstätten der Reformation wieder ein würdevolles Gepräge zu verleihen. Seit 1922 trägt die Stadt den Doppelnamen „Lutherstadt Wittenberg".

Im Zweiten Weltkrieg musste die Stadt kaum Zerstörungen hinnehmen, erhielt jedoch Probleme durch den enormen Zustrom von Flüchtlingen. Bewahrung und Pflege der historischen Bausubstanz stießen in der Folgezeit immer wieder an Grenzen. Jubiläen der Reformatoren gaben Anlass für denkmalpflegerisches Wirken. Zum Höhepunkt wurde die Luther-Ehrung im Jahre 1983. Die damals vorgenommene Neugestaltung der Expositionen in der Lutherhalle rief große Resonanz hervor.

Nachdem bereits im gleichen Jahr im Lutherhof ein Schwert zu einer Pflugschar umgeschmiedet wurde, entwickelte sich der Kreis um Pfarrer Friedrich Schorlemmer zu einem Auslöser der Friedensbewegung. Im Herbst 1989 fanden in beiden evangelischen Kirchen der Stadt die „Gebete um Frieden" statt.

2008 wurde die „Luther-Dekade" ausgerufen, ein Zeitraum voller Initiativen mit Sicht auf den 500. Jahrestag des „Thesenanschlags", also der Reformation selbst, 2017. Bis dahin entstand als Symbol für deren weltweite Ausstrahlung in den Wallanlagen der „Luthergarten" mit fünfhundert Bäumen.

Heute ist Wittenberg Verwaltungssitz eines ausgedehnten Landkreises, der im Norden das Gebiet des Hohen Flämings berührt und im Süden bis in die Dübener Heide hineinreicht. Durch die jüngste Verwaltungsreform kamen im Westen die kleinen Städte Coswig/Anhalt und Oranienbaum-Wörlitz dazu. In der heute knapp 50 000 Einwohner zählenden Lutherstadt vollziehen sich viele bauliche Veränderungen.

Mit dem Projekt „Internationale Bauausstellung 2010" eröffneten sich neue Chancen, historische Gebäude zu nutzen. Eindrucksvoll zeigt sich dies an der „Cranach-Herberge" für Radtouristen, Malschüler und Künstler. Ehemalige Amtsgebäude in der Nähe des Schlosses dienen seit 2007 als Jugendherberge.

Und die Wittenberger verstehen es zu feiern! Luthers Hochzeit mit großem Umzug, Weinfest, Töpfer- und Weihnachtsmarkt, das Reformationsfest und Musikveranstaltungen in den Altstadthöfen stehen alljährlich auf dem Programm.

Spielplatz im Luthergarten

Die Entdecker-Touren

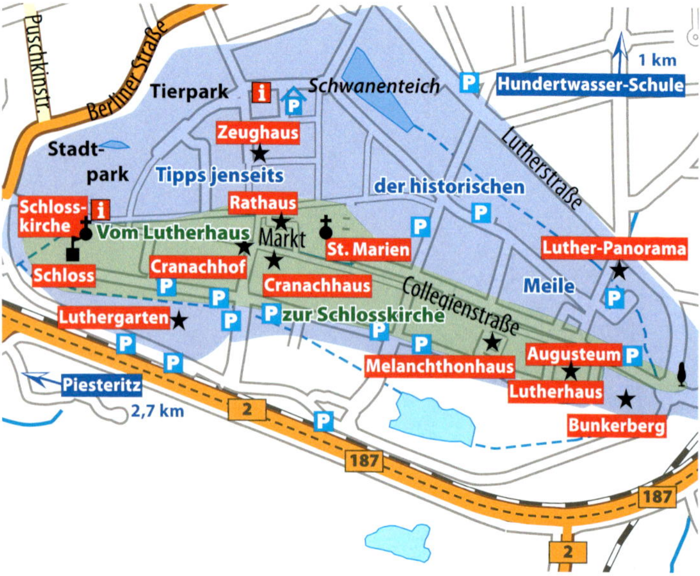

Auf dem etwa 1 300 Meter langen Weg vom Lutherhaus bis zur Schlosskirche mit der berühmten Thesentür tauchen wir tief ein in die Epoche der Reformation. Moderne Museen in den einstigen Wohnhäusern Martin Luthers, Philipp Melanchthons sowie der Cranachs bringen deren Leben und Wirken auf sehr authentische Weise zum Ausdruck. Dazwischen stehen die Stadtkirche mit ihrem berühmten Altar, das prächtige Rathaus mit einer bemerkenswerten Kunstausstellung und die hohen, stolzen Gebäude aus der sogenannten Gründerzeit.

Nur ein paar Schritte vom Rathaus entfernt geht es nicht weniger geschichtsträchtig zu. Jüngst erhielt der Arsenalplatz eine umfassende Erneuerung, historische Substanz wurde saniert, einiges hinzugebaut. Zahlreiche Schätze aus den Städtischen Sammlungen warten im alten Zeughaus auf ihre Betrachter. Und dann geht es in den grünen Gürtel Wittenbergs. Stadtpark mit Luthergarten und Tierpark laden zur Erholung ein. Etwas weiter abseits von der Altstadt lohnt die Besichtigung der Piesteritzer Bauweise sowie der Hundertwasser-Schule – eines wahren Kleinods in der Neubausiedlung. Schließlich empfehlen wir von hier aus unter anderem eine Fahrt ins Wörlitzer Gartenreich, nach Coswig oder Bad Schmiedeberg, und zwar nicht nur mit dem Auto, sondern vor allem mit dem Fahrrad.

Lutherhof mit Lutherhaus
und zweiflügligem Augusteum

Vom Lutherhaus zur Schlosskirche

Collegienstraße

Lutherhof

Mächtig erhebt sich am östlichen Ende der Collegienstraße die Fassade des Augusteums. Und sobald man durch das hermenbesetzte Portal eingetreten ist, beginnt die Zeitreise in die Reformation. Die festlich anmutende Durchgangshalle stimmt mit ornamental verzierten Zitaten Martin Luthers auf den Besuch des reformationsgeschichtlichen Museums im Lutherhaus ein.

„Ich hab einmal des Papstes Dekret allhier zu Wittenberg verbrannt und ich wollt's noch einmal verbrennen", heißt es auf einem der Unterzugbalken mit Verweis auf die Bannandrohungsbulle. An anderer Stelle zeigt sich Luther hoffnungsvoll: „Niemand lasse den Glauben daran fahren, dass Gott an ihm eine große Tat will".

Der Lutherhof gibt dann den Blick auf die Schaufassade des Lutherhauses frei. Das Gebäude, 1504 als Augustinereremitenkloster errichtet, diente ab 1525 der Familie Luther als Wohnhaus, bevor die Universität es 1564 erwarb und zum Kollegium umgestaltete. Mit der Erweiterung der Universität entstand dann das Vorderhaus (Augusteum), dessen Bau der namenstiftende Kurfürst August I. von Sachsen in Auftrag gab.

Die rechte (westliche) Seite des Lutherhofes bilden bis zur Hälfte ehemalige Studentenunterkünfte aus der Bauphase des Augusteums. Der restliche Teil wurde erst 1883 errichtet, um so das Ensemble harmonisch abzuschließen.

Die freie Fläche diente einst als Obst- und Gemüsegarten, den Luthers Frau Katharina bewirtschaftete, um den Lebensunterhalt der

Das weltweit erste Einzelstandbild einer Frau des Reformationszeitalters steht auf dem Lutherhof. Energisch schreitet ***Katharina von Bora*** durch einen (Tür-)Rahmen. Nina Koch schuf 1999 die knapp zwei Meter große Bronzeplastik genau so, dass sie aus drei Blickachsen des Hofes wahrnehmbar ist und inmitten der Besucher steht.

Detail in der Durchgangshalle zum Lutherhof

Familie sicherzustellen. Lange Zeit nach dem Verkauf des Lutherschen Anwesens wurde auf dem Hof ein Botanischer Garten angelegt, der zunächst von 1615 bis 1668 bestand, in der Folgezeit immer wieder hergerichtet wurde und letztendlich mit den großzügigen Veränderungen Stülers verschwand.

Rechter Hand erblickt man einen Wittenberger Röhrwasserbrunnen, der hier allerdings nicht seinen originalen Platz besetzt. Eine erste Röhrwasserleitung hatte Kurfürst Johann Friedrich der Großmütige 1543 anlegen lassen. Vom fünf Kilometer entfernten Teucheler Wald wurde das Wasser bis zum Schloss und zur Universität herangeführt. Zu diesem Zweck verlegte man durchbohrte Holzstämme, die an ihren Enden mit Eisenmuffen versehen und somit ineinander zu stecken waren. 1556 folgte die zweite von insgesamt vier Leitungen, das „Alte Jungfernröhrwasser", gebaut auf Initiative prominenter Bürger wie Lucas Cranach und Hans Lufft. Insgesamt 22 Haushalte in der Collegienstraße, darunter der von Melanchthon und der Familie Luther, wurden mitversorgt.

Das Jungfern-Röhrwasser – ein technisches Baudenkmal – ist nördlich der Alpen das einzige noch funktionierende Röhrwasserleitungssystem des 16. Jahrhunderts. Besonders schöne Brunnen stehen im Lutherhof und auf dem Hof des Melanchthonhauses, in der Collegienstraße 30, 81 und 85, in der Mittelstraße 5, 16 (Altstadthof) und 17, auf dem Holzmarkt, auf dem Markt, im Beyerhof Markt 6, in den Cranachhöfen Markt 4 und Schlossstraße 1, Markt 22, in den Höfen Schlossstraße 4 und 10 (Weberhaus), in der Jüdenstraße 36/37, am Kirchplatz 9 und in der Bürgermeisterstraße 16 (Alte Sternwarte).

Lutherhaus und Augusteum

Besonders der Historismus mit seinen spätmittelalterlichen und frühneuzeitlichen Gestaltungselementen prägt das heutige Erscheinungsbild von Lutherhaus und Augusteum. Das Gebäudeensemble wurde im Laufe der Jahrhunderte sehr unterschiedlich genutzt und in der zweiten Hälfte des 19. Jahrhunderts in großem Stile um- und ausgebaut.

Seite 80 i

Schwarzes Kloster. „Frater Martinus Lüder" kam 1507 als noch unbekannter Mönch nach Wittenberg und wohnte im Augustinerkloster, das wegen der Farbe der Mönchskutten auch das „Schwarze Kloster" hieß. Dieses 1504 bis 1508 errichtete Gebäude war unscheinbarer als das heutige. Aus den Reihen der Mönche besetzte Friedrich der Weise die Lehrstellen seiner neu gegründeten Universität. Während im Obergeschoss die Mönchszellen eingerichtet waren, nutzte man das mittlere Geschoss für den Lehrbetrieb. Im Erdgeschoss wurde gemeinsam gespeist.

Büste des Reformators im Maßwerkbaldachin (1876) an der Außenwand der Lutherstube

Vom Bildersturm in der Klosterkirche am 10. Januar 1522 berichtet ein Zeitzeuge: Magister Gabriel „hat mit etlichen Mönchen ein Feuer im Augustinerkloster-Hof gemacht, ist in die Kirche mit ihnen gegangen, hat die hölzernen Altaria bis auf den Grund abgebrochen, dieselbigen mit … Kruzifixen, Fahnen, Kerzen, Leuchtern etc. allemal dem Feuer zu getragen, darein geworfen und verbrannt …". Im Jahr darauf verließen die Mönche das Kloster; Luther blieb.

Luthers Wohnhaus. Neue Bedeutung erhielt das Schwarze Kloster, als sich der Reformator am 13. Juni 1525 darin mit Katharina von Bora verlobte. Noch am gleichen Tag wurde das Paar von Stadtpfarrer Johann Bugenhagen getraut und bezog das Klostergebäude als Wohnsitz. Eigentum Luthers wurde es allerdings erst 1532, als es ihm Johann der Beständige überschrieb, sich jedoch das Rückkaufsrecht vorbehielt.

Lutherhaus

Universitätsgebäude. Nach dem Tod der Eltern verkauften Luthers Kinder das Wohnhaus der Familie 1564 an die Universität, die es vor allem als Alumnat (Wohnheim) für Bedienstete und Studenten, aber auch als Kolleg nutzte.

In der Folgezeit wurde jedoch wenig für Bauerhalt und Sanierung getan. Besuchern zeigte man den Großen Hörsaal und die Lutherstube. Letztgenannte wurde schon 1655 ausdrücklich als „Museum Lutheri" bezeichnet. Zar Peter der Große hinterließ bei seinem Wittenberger Aufenthalt im Jahre 1712 das noch heute unter Glas gezeigte Monogramm. Ein 1783 angelegtes Gästebuch war allerdings 1817 noch längst nicht gefüllt. Zweimal – 1760 und 1813 – diente das Lutherhaus als Lazarett.

Museum „Lutherhalle". Der königlich-preußische Oberbaurat Friedrich August Stüler, Meisterschüler Schinkels, versetzte in den Jahren 1844 bis 1877 das Gebäude in einen repräsentativen Zustand. Beide Hausgiebel – der westliche war 1848 eingestürzt – wurden mit neugotischen Verzierungen neu aufgeführt und der Große Hörsaal einfühlsam umgestaltet.

Um das Projekt „Reformationshalle" voranzubringen, erwarb der preußische König Friedrich Wilhelm IV. die „Luther-Erinnerungssammlung" des bereits verstorbenen Halberstädter Oberdompredigers Christian Friedrich Augustin, unter anderem 6 826 Grafiken und etwa 1 200 Lutherdrucke. Im Mai 1883 gelangten 3 000 Drucke aus der Karl-Knaake-

Im Großen Hörsaal

Bibliothek nach Wittenberg, wo am 13. September des gleichen Jahres anlässlich des 400. Geburtstages des Reformators das Museum „Lutherhalle" durch den preußischen Kronprinzen Friedrich Wilhelm festlich eingeweiht wurde.

Wittenberg, zu dieser Zeit von Merseburg aus regiert, erhielt vom dortigen Regierungspräsidenten Wolf Heinrich von Gersdorf große Unterstützung. Unter von Gersdorf, der sein Amt ab 1910 innehatte, begann ein systematisches Sammeln. In Julius Jordan bekam die Lutherhalle einen agilen Konservator. 1916 konnten neue Ausstellungsräume eröffnet werden.

Im Jahre 1940 wurde aus dem Tonnengewölbe im Keller ein Luftschutzbunker. 40 Jahre später schloss man die gesamte Einrichtung, um umfangreiche Rekonstruktionsarbeiten durchzuführen. Dabei wurde auch der Große Hörsaal in der Fassung Stülers wiederhergestellt, nachdem diese in den 1960er Jahren verändert worden war. Der frühere Zugang zu Luthers Arbeitszimmer wurde freigelegt. Das Refektorium erhielt mit der Zehn-Gebote-Tafel eine wirkungsvolle Ausschmückung.

Bis zur Neugestaltung 2001-2003 betrat man das Lutherhaus durch das ***Katharinenportal***. Die Rundbogenpforte hatte Luther 1539 beim Pirnaer Superintendenten Anton Lauterbach bestellt. Auf der jeweiligen Unterseite der kuppelförmigen Baldachine finden sich Reliefs. Das linke zeigt den Kopf des Reformators mit Doktorhut „im 57. Lebensjahr"

„Hochzeitsgesellschaft" am Katharinenportal

mit dem Wahlspruch Luthers: „IN SILENCIO ET SPE ERIT FORTITUDO VESTRA" (In Stillsein und Hoffnung würdet ihr stark werden). Die Lutherrose (rechts) benutzte der Reformator erstmals 1524 als Copyright-Vermerk: „Dies Zeichen sei Zeuge, dass solche Bücher durch meine Hand gegangen sind, denn des falschen Druckens und Bücherverderbens befleißigen sich jetzt viele."

Lutherhaus. Mit Eröffnung der neuen Dauerausstellung am 6. März 2003 kehrte man zur Bezeichnung „Lutherhaus" zurück, denn immerhin verbirgt sich im Hause Luthers ein komplexes bauliches und vor allem historisches Phänomen.

An der Südseite des Lutherhauses wurde 2004 das ***Erdgeschoss eines***

Freigelegtes Erdgeschoss eines südlichen Lutherhaus-Anbaus

Anbaus aus dem beginnenden 16. Jahrhunderts freigelegt. Er diente wohl zunächst dem damaligen Prior als Wohnung und danach Luther als Arbeitsstätte. Die benachbarte „Arena" (Sitzstufenanlage mit 70 Plätzen) lädt heute zu Kulturveranstaltungen und das Gartencafé zur Entspannung im Freien ein.

TIPP

Das Augusteum. Der nördliche Bereich des Gebäudeensembles basiert auf Plänen des kurfürstlichen Baumeisters Hans Irmisch. Gebaut wurde von 1580 bis 1582. Den aufwendig gearbeiteten Ostgiebel in den geschwungen-verspielten Formen der Neorenaissance entwarf Franz Schwechten erst im Jahre 1900, nachdem das benachbarte Elstertor im Zuge der „Entfestigung" 1873 niedergelegt worden war.

Der Ostteil des Erdgeschosses nahm 1598 die Universitätsbibliothek auf, die sich bis dahin im Schloss befand. 1678 umfasste sie 13 000 Bände. Der ***sogenannte Fürstensaal*** diente ab 1789 der Ponickauschen Bibliotheksstiftung mit 11 000 Büchern und zahlreichen Schriften als Domizil. Fürstensaal deshalb, weil eine Bildergalerie mit den sächsischen Kurfürsten, den Schirmherren der Universität bekannt macht.

In den Westteil des Gebäudes zog 1686 das Anatomische Theater. Die Nachbarräume beherbergten ab 1736 das Museum Anatomicum mit einer berühmten Präparate-Sammlung, die König August III. der Universität geschenkt hatte (1802 in den Schlosskirchenturm verlegt).

Ab 1817, nach der Vereinigung der Universitäten Wittenberg und

Ostgiebel des Augusteums

Halle, nutzte die verwaisten Räume das ***Predigerseminar*** der evangelischen Kirche – eine der ältesten postgradualen Ausbildungsstätten. Ende des 19. Jahrhunderts wurden Bibliothek und Fürstensaal grundlegend umgebaut. Im Juni 2012 zog das Predigerseminar aus dem Augusteum aus und fand im restaurierten Schloss ein neues Domizil. Hier und in dem ergänzten Neubau werden nun evangelische Pfarrer unterrichtet und untergebracht. Das Augusteum aber wird seit 2015 für ***Sonderausstellungen*** genutzt. Auftakt bildete die Landesausstellung „Cranach der Jüngere 2015".

i Seite 80

Bebauung Lutherhof

- Lutherhaus (S. 16 / S. 23)
- Augusteum (S. 20)

1 Durchgang zum Lutherhof
2 Eingang zum Lutherhaus
3 Eingang zum Augusteum
4 Einzelstandbild Katharina von Bora (S. 14)
5 Katharinenportal (S. 19)
6 Luther-Büste an der Fassade (S. 16)
7 Freigelegtes Erdgeschoss (S. 20)
8 Arena (S. 20)
9 Gartencafé
10 Röhrwasserbrunnen (S. 15)
11 ehemalige Studentenunterkünfte (S. 14)
12 Restaurant
13 Stahlplastik „Schwerter zu Pflugscharen" (2017) von Michael Krenz

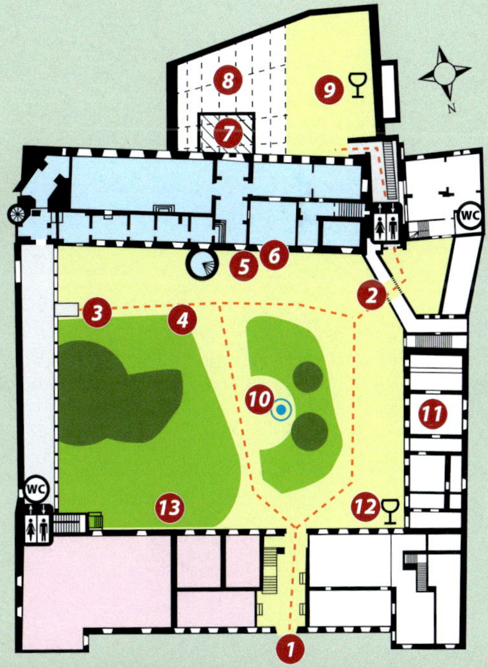

„Luther im Alter“
Gemälde von Lucas Cranach d. Ä.

Museum im Lutherhaus

Das Lutherhaus beherbergt das größte reformationsgeschichtliche Museum der Welt! Seit der umfassenden Sanierung des Bauwerks und der behutsamen Umgestaltung der Exposition in den Jahren 2001 bis 2003 kann der Besucher am authentischen Ort dank geschickter Inszenierung noch mehr vom Reformator spüren als vorher. Martin Luthers Biographie durchzieht wie ein roter Faden das Ausstellungskonzept.

i Seite 80

Der barrierefreie Zutritt zum Lutherhaus erfolgt durch eine sich westlich an das Gebäude anschließende, separate Eingangshalle. Sie wurde in Glas und Beton architektonisch modern konzipiert. Die freigelegten Feldsteine des Fundaments dienten als solches einst jenem hoch aufragenden Teil des alten Klosters, in dem sich Luthers legendäres „Turmerlebnis" zugetragen haben soll. Der Reformator empfand die Meditation über den Bibelvers „Der Gerechte wird aus dem Glauben leben" als unerwartete Erleuchtung und große Befreiung. Der neue Flachbau an der Ostmauer des Lutherhofes soll in naher Zukunft zentraler Einlass beider Museumsgebäude – Lutherhaus und Augusteum – werden.

Museumskonzept. Die Hauptausstellung „Martin Luther – Leben, Werk und Wirkung" ermöglicht dem Besucher Wittenbergs am umfassendsten und tiefsten die reformationsgeschichtlichen Vorgänge und das Wirken des großen Reformators zu verstehen. Die rund 120 Jahre währende intensive Sammeltätigkeit der Einrichtung sowie die Art der Präsentation brachte eine Exposition von höchstem Rang hervor.

Optisch reizvoll ist die Ausstellung bereits dadurch, dass sich gut ein Drittel der Exponate dreidimensional präsentieren. Die Lutherkanzel aus der Wittenberger Stadtkirche gehört ebenso zu den herausragenden Stücken wie Luthers Kutte und ein Trinkbecher aus seinem Besitz. Die mit Stundenschlag ausgestattete Tischuhr aus dem 16. Jahrhundert könnte zum Haushalt Luthers gehört haben. Eine sensationelle Entdeckung ist das frühe Porträt Luthers, das diesen mit Mönchskutte und dem Barett des Doktors zeigt und aus der Zeit des Wormser Reichstags von 1521 stammt.

Darüber hinaus laden ein bauhistorischer und ein alltagsgeschichtlicher Rundgang, aufschlussreiche Exkurse zur Medienrevolution des 16. Jahrhunderts und zum Lutherverständnis im Wandel der Zeit sowie die Archivbestände des Lutherhauses zu individuellen Erkundungen auf 1 200 m^2 Ausstellungsfläche ein.

TIPP

Wer sowohl Luther- als auch Melanchthonhaus besichtigen möchte, greife zum ***Kombiticket*** (10 Euro). Es gilt an zwei aufeinanderfolgenden Tagen.

Martin Luther in Wittenberg

Biographischer Rundgang

Diese Route erschließt dem Besucher die Höhepunkte des Hauses: das Refektorium, den Großen Hörsaal und die Lutherstube. Hier sind die Kanzel, von der Luther predigte, seine Kutte, ein von ihm benutzter Bierkrug und die eindrucksvollen Cranach-Gemälde zu besichtigen. In jedem Raum bietet ein Zitat den Zugang zu Luthers Kopf. Ergänzt wird die Präsentation durch die multimediale Erschließung wichtiger Ausstellungsstücke.

Luthers Eltern kamen aus dem Thüringer Land, wohnten dann in Eisleben und zogen kurz nach der Geburt ihres Sohnes Martin nach Mansfeld. Die Tätigkeit des Vaters im Kupferbergbau ermöglichte es, den Sohn zum Universitätsstudium nach Erfurt zu schicken. Die Laufbahn als bürgerlicher Beamter zerschlug sich jedoch durch ein eher zufälliges, aber nachhaltiges Ereignis. Bei Stotternheim geriet Luther in ein furchtbares Gewitter und gelobte nach einem schreckenerregenden Blitzeinschlag, Mönch zu werden.

Ofen (1602) in der Lutherstube

Im Kloster der Erfurter Augustinereremiten unterwarf er sich strengster Askese auf der Suche nach der Gerechtigkeit Gottes. Ab Sommer 1507 studierte Luther Theologie, wurde auf Betreiben Johannes von Staupitz' zum Priester geweiht und kam 1508 als Lehrer für Moralphilosophie nach Wittenberg, an die „Grenze zur Zivilisation", wie es Luther zunächst empfand. Er übernahm die „Lectura in biblia", promovierte im Oktober 1512 in der Schlosskirche und predigte ab 1514 öffentlich in der Wittenberger Stadtkirche.

Eine ***Ablasstruhe*** aus dem 16. Jahrhundert erinnert an die Praxis, sich durch die Entrichtung von Geldbeträgen des ewigen Seelenheils zu versichern. Luther musste feststellen, dass mancher Wittenberger der Beichte fernblieb und stattdessen im benachbarten Zerbst oder Jüterbog Ablasszettel kaufte. Seine Kritik richtete sich insbesondere gegen die Geschäfte des Dominikaners Tetzel, von dem es hieß, dass er sogar für die Sünden bereits Verstorbener und für noch zu begehende Sünden Ablass gewähre, nach dem Motto: „Sobald das Geld im Kasten klingt, die Seele in den Himmel springt".

Der Luther-Choral aus dem Klugschen Gesangbuch (1533)

Luthers 95 Thesen setzten sich mit dieser Ablasspraxis auseinander. Der berühmte Thesenanschlag an die Schlosskirchentür gilt heute zwar als nicht bewiesene Legende, fest steht jedoch, dass der Reformator disputieren wollte und sich in Briefen an den Bischof von Brandenburg und den Erzbischof von Magdeburg wandte; die besagten Thesen lagen bei. Abschriften gelangten unter anderem nach Leipzig, Nürnberg und Basel und „liefen" – wie Luther es ausdrückte – „in 14 Tagen durch ganz Deutschland".

Die wichtigsten ***Streitschriften des Reformators*** mit den sich daraus für ihn erwachsenen Konsequenzen bilden einen weiteren Schwerpunkt des biographischen Rundgangs. Gegenüber dem „christlichen Adel" forderte Martin Luther die Säkularisierung des Kirchenbesitzes und die Wählbarkeit der Pfarrer. Das Sendschreiben markierte den Gipfel der Einheit aller Romgegner. Nie wieder sprühte Luther so vor Humor, Witz und Ironie. Der „babylonischen Gefangenschaft der Kirche" hoffte er zu begegnen, indem er nur noch zwei Sakramente gelten ließ: Taufe und Abendmahl.

Der Verbrennung der päpstlichen Bannandrohungsbulle folgte die Vorladung nach Worms. Luther schlug sich dort tapfer, musste sich jedoch anschließend auf der Wartburg verbergen. Als Mönch Junker Jörg getarnt, übersetzte er in nur zehn Wochen ***das Neue Testament***. Vermutlich benutzte Luther die griechisch-lateinische Fassung des Erasmus von Rotterdam als Vorlage. Das im Frühjahr 1522 fertige Rohmanuskript war in ostmitteldeutsch verfasst – das Kaiserreich war von einer sprachlichen Einigung noch weit entfernt. Der Reformator legte gro-

ßen Wert auf das Verständnis seines Textes im einfachen Volk. „Man muss die Mutter im Hause, die Kinder auf der Gasse, den gemeinen Mann auf dem Markt drum fragen und denselben aufs Maul schauen, wie sie reden und danach dolmetschen." Bereits im September erschien in einer Startauflage von 3 000 Exemplaren „Das Neue Testament".

Die heute als Fragment erhalten gebliebene ***Predigtkanzel*** bestieg Luther ab 1524 nicht mehr in der Mönchskutte, sondern in weltlicher Gelehrtenkleidung. Thomas Müntzers Auffassung, dass man die Menschen von ihrem Trachten nach Reichtum, Wohlleben und Macht abbringen muss, teilte er nicht. Als der Bauernkrieg ausbrach, versuchte er zunächst, die Aufständischen zu besänftigen. Erst nach der Schlacht bei Frankenhausen erschien seine spektakuläre Schrift „Wider die räuberischen und mörderischen Rotten der anderen Bauern".

Das „Augsburger Bekenntnis" von 1530 war schließlich die grundlegende Bekenntnisschrift des Luthertums. Die von Philipp Melanchthon verfassten Zeilen zielten auf die Erneuerung der Alten Kirche und nicht auf die Errichtung einer Neuen. Bei Hans Lufft erschien dann 1534 Luthers Werk „Die ganze Heilige Schrift".

1543 schrieb Martin Luther: „Ich habe ausgearbeitet und ausgelebt, der Kopf ist kein nütz mehr." Zwei Jahre darauf zog es ihn von Zeitz gar nicht nach Wittenberg: „Mein Herz ist erkaltet, dass ich nicht gern mehr da bin". Von einer winterlichen

Fahrt nach Mansfeld und Eisleben sollte er tatsächlich nicht lebendig zurückkehren.

Martin ***Luthers Totenbildnis*** (17. Jahrhundert) findet sich in der Ausstellung am Ort stillen Gedenkens an das übermächtige Lebenswerk des Reformators. Dieses ist in Form der „Weimarana", der 127 Bände umfassenden Luther-Gesamtausgabe, vermutlich noch für Generationen Gegenstand von Forschung und Bewertung. Der Reformator: „Ein ‚göttlich Leben' führen heißt nicht, in eine Wüste laufen oder sich in einem Winkel verstecken, sondern hervortreten nach seinem Beruf..."

Das reformatorische Gedankengut fand vor allem in Skandinavien und im Baltikum, darüber hinaus in Siebenbürgen lebhafte Aufnahme. Geistige Strömungen waren aber auch in England, Schottland und Frankreich, in den Niederlanden und der Schweiz zu verzeichnen. Luthers Bibelübersetzung war die Grundlage für die Übertragungen ins Französische (1530), Englische (1538), Ungarische (1541) und Finnische (1548). Der Lutherische Weltbund vereint gegenwärtig etwa 70 Millionen Mitglieder.

Hauptanziehungspunkt im ***Refektorium***, dem einstigen Speisesaal der Mönche, bildet die ***Zehn-Gebote-Tafel***. Lucas Cranach d. Ä. schuf sie 1516. Sie befand sich einst in der Gerichtsstube des Rathauses. Mit der besonderen Bildersprache des Künstlers wurde dem einfachen, des Lesens und Schreibens unkundigen Mann die christliche Moralauffassung nahegebracht.

Totenbildnis Martin Luthers

Der ***Große Hörsaal*** ist zugleich Höhe- und Ruhepunkt beim Ausstellungsbesuch. Bis zu 400 Studenten drängten sich früher in dem knapp zweiundzwanzig mal acht Meter messenden Zimmer, das bis zuletzt Hörsaal der Wittenberger Universität blieb. Die gusseisernen Querbinder mit den Wappen Luthers und Melanchthons wurden während der Arbeit Stülers eingezogen, um die Decke zu entlasten.

Eines der vier großen ***Ölgemälde*** zeigt Kurfürst Friedrich den Weisen. Von dem um 1680 entstandenen großen ***Barock-Katheder*** wurde nicht disputiert. Er ist vielmehr ein repräsentatives Schaustück Wittenberger Universitätsgeschichte. Die Wappen der vier spätmittelalterlichen Fakultäten – Theologie, Jura, Medizin und Humanismus – zieren die untere Schranke. Unter den Medaillons der darüberliegenden Schranke ist das mittlere besonders bemerkenswert. Es zeigt den

Gründungsdirektor der Universität Martin Pollich aus Mellrichstadt in Franken, der zum Leibarzt Friedrichs avancierte und gemeinhin Dr. Mellerstedt genannt wurde.

Mehr noch als der Große Hörsaal blieb die ***Lutherstube*** von den Veränderungen der Jahrhunderte verschont. Nach Oskar Thulin, dem ersten Direktor des Museums Lutherhalle, ist sie das „äußere Heiligtum des Luthertums". Nirgendwo scheint man dem Reformator näher zu sein als hier.

In einen ursprünglich größeren Raum wurden Holzpaneele eingezogen, deren Bemalung aber erst vom Anfang des 17. Jahrhunderts stammt. Eine Möblierung des Raumes kam wegen der ständigen Geldknappheit erst nach 1535 zustande. Die Kastensitze am Fenster waren Arbeitsort und gleichzeitig Stauraum.

Die Dielung stammt wahrscheinlich noch aus der Entstehungszeit des Zimmers. 1877 wurden die alten Bohlen überholt und neu verlegt. Pittoresk muten heute die Butzenscheiben an – im 16. Jahrhundert war so eine Ausstattung geradezu luxuriös. Den gemütlichen Sammelpunkt des ganzen Anwesens bildete ein Ofen. Der jetzige sorgte allerdings zu Luthers Zeiten noch nicht für Wärme, sondern stammt von 1602.

Vom Kloster zum Museum

Bau- und Nutzungsgeschichte

Der Name „Lutherhaus" ist seit dem 19. Jahrhundert gebräuchlich. Zuvor hieß das Gebäude „Schwarzes Kloster" oder wurde sogar als „Hintergebäude des Augusteums" bezeichnet. All die unterschiedlichen Namen deuten auf eine wechselvolle Bau- und Nutzungsgeschichte des rund 500 Jahre alten Gemäuers hin. Ein detailliertes Modell des Lutherhauses dokumentiert diese Geschichte. Außerdem werden Funde gezeigt, die bei den jüngsten Umbauarbeiten ans Tageslicht kamen. Stelen mit Texten, im ganzen Hause verteilt, vertiefen auch dieses Thema.

Predigt – Propaganda – Polemik

Die Reformation als Medienrevolution

Ohne die Erfindung der Druckerpresse wäre die enorme Ausbreitung des Gedankenguts der Reformation undenkbar gewesen. Bis zum Jahr 1500 wurden in Europa rund 27 000 Buchtitel in einer Gesamtauflage von zehn Millionen Exemplaren gedruckt. Während des 16. Jahrhunderts stieg die Zahl der Titel auf das Fünffache, die der Gesamtauflage auf das Fünfzigfache. Martin Luther war der mit Abstand erfolgreichste Autor seiner Zeit. Seine (gedruckten) Schriften wirkten in ganz Deutschland und in vielen Teilen Europas.

Schatzkammer

Kostbarkeiten aus neun Jahrhunderten

Drei Räume des zweiten Obergeschosses zeigen Objekte, die nicht in direktem Zusammenhang mit Luther und der Reformation stehen: Bibelhandschriften, die ältesten aus dem 11. Jahrhundert, Notenblätter mit Beispielen mittelalterlicher Buchmalkunst sowie Urkunden mit kunstvoller Kalligraphie. Dazu gesellen sich wertvolle Inkunabeln,

Lutherstube

deutsche Kunst der Renaissancezeit (Gemälde, Holzschnitte, Kupferstiche und Graphikzyklen) sowie – schatzkammertypisch – Münzen und Medaillen.

Fensteröffnungen ermöglichen einen Blick auf die umfangreichen Bestände in Bibliothek und Magazin. Etwa 7 000 Handschriften umfasst die Sammlung der Stiftung Luthergedenkstätten, darunter allein 500 Briefe, Urkunden und Manuskripte aus dem Reformationsjahrhundert.

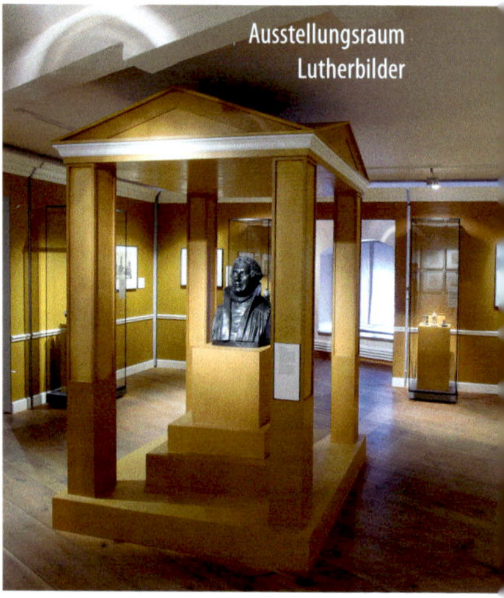
Ausstellungsraum Lutherbilder

Luthers Bild und Lutherbilder

Rezeptions- u. Wirkungsgeschichte 1546-1983

In den dahinterliegenden Räumen findet sich eine Darstellung der Wirkungsgeschichte Luthers vom späten 16. bis zum 20. Jahrhundert. Das Konterfei des Reformators ziert Gemälde und Grafiken, Tassen, Dosen und Pfeifenköpfe. Die großformatigen Historienbilder des 19. Jahrhunderts prägen das Lutherbild bis heute. Einen zentralen Platz in dieser Abteilung nimmt die von Johann Gottfried Schadow geschaffene überlebensgroße Büste des Reformator ein.

Moderne Ausstellungswand in einem ehemaligen Wohnraum der Luthers

Hochzeitsbilder von Martin Luther und Katharina von Bora

Zu Haus bei Katharina

Alltagsleben der Familie Luther

Luthers Hochzeit mit Katharina von Bora wird heute aus der Endzeitstimmung heraus erklärt, die Luther auf dem Höhepunkt des Bauernkrieges empfand. Bereits in der Osternacht 1523 war die Nonne aus dem Kloster Nimbschen bei Grimma geflohen, zusammen mit acht anderen Ordensfrauen. Katharina wohnte erst einmal bei Lucas Cranach.

Die Heirat mit dem ehemaligen Mönch Luther bewirkte, sicher nicht unbegründet, zunächst Kritik. „Wenn dieser Mönch heiratet, wird die ganze Welt und der Teufel lachen und er selber alles, was er geschaffen hat, zunichte machen", meinte der Jurist Hieronymus Schurff. Luther bekam der Ehestand und die neue Ordnung seiner Existenz offenbar gut. „Ich wollte meine Käthe weder gegen Frankreich noch gegen Venedig eintauschen", meinte er sichtlich zufrieden. Er gehörte zu den reichsten Bürgern Wittenbergs – ein Erfolg seiner Frau, die sechs Kinder gebar und einen großen Haushalt mit Viehzucht und Bierbrauen führte. Im Kellergeschoss stellen geschnitzte Modelle typische Szenen aus dem Alltagsleben dar.

Das Wohnhaus des Reformators hat sich zum großen Lutherjubiläum 2017 herausgeputzt. Restauratoren nahmen sich der Lutherstube besonders an, entfernten Staub, besserten Fugen und Malereien aus, renovierten die Holzdecke und den Fußboden. An vielen Stellen entdeckten sie dabei ***eingeritzte Namen***, Jahreszahlen und Sprüche und dokumentierten sie. Etwa 350 konnten gar entziffert werden. Die älteste Nachricht dieser Art stammt von 1696.

Die Luthereiche

Um ein wenig dem Erlebten in Lutherhaus und Augusteum nachzuspüren, empfiehlt sich der Besuch eines weiteren geschichtsträchtigen Ortes: der kleine Platz, auf dem Luther ein Exemplar der Bannandrohungsbulle verbrannte. „ZUR ERINNERUNG AN DIE TAT DR. MARTIN LUTHERS AM 10. DEZ. 1520" lautet die Inschrift des Gedenksteines neben der großen Eiche. Er verweist auf einen historischen Vorgang: Luthers Schrift „An den christlichen Adel deutscher Nation von des christlichen Standes Besserung" hatte die Auseinandersetzung des Reformators mit Rom auf die Spitze getrieben. Mit der Bulle „Exsurge Domine" wurde Luther der Bann angedroht, falls dieser nicht binnen 60 Tagen widerrief.

Als man damit begann, seine Schriften einzuziehen und zu verbrennen, war die Reaktion nur konsequent. Vor der begeisterten Studentenschaft Wittenbergs verbrannte Luther die Bücher des alten Kirchenrechts und eben ein Exemplar der Bannandrohungsbulle. Der Ort war wohl bedacht ausgewählt worden, verbrannte man doch sonst dort, in der Nähe des Elstertores, die Habseligkeiten der Pestkranken.

Bereits am 3. Januar 1521 wurde die Bannbulle verhängt, doch der Reformator blieb standhaft. Vor den Reichstag in Worms geladen, wollte er „nicht widerrufen, da es beschwerlich, ungut und gefährlich ist, gegen das Gewissen zu handeln."

Später wurde in Wittenberg mit der Pflanzung einer Eiche des historischen Vorgangs gedacht. 1813 schlugen Franzosen aus dem Baum Brennholz. Die heutige Luthereiche wurde 1830 anlässlich des 300. Jahrestages der Augsburger Konfession gepflanzt. 1925 erhielt der Platz mit Grünanlage und Brunnen an der Kreuzung Lutherstraße/Collegienstraße seine heutige Gestaltung.

Auf die ***Luthereiche*** östlich des Lutherhauses blickt man vom ***Bunkerberg***, dessen 2016 neu angelegte Wege aus Edelstahl und Spiegeln zur gedanklichen Auseinandersetzung mit Geist und Natur anregen.

Melanchthonhaus

Zu den schönsten Bürgerhäusern Wittenbergs gehört das Wohnhaus Philipp Melanchthons in der Collegienstraße. Während die Fenster noch spätgotisch gefasst sind, vermittelt der rundbogige Staffelgiebel bereits die selbstbewusste Modernität der Renaissance. Das imposante Gebäude wurde über die Jahrhunderte kaum verändert und ist seit der Wiedereröffnung des durch einen Neubau erweiterten Museums im Jahre 2012 praktisch selbst das wichtigste „Ausstellungsstück".

i Seite 80

Philipp Melanchthon. Die Familie Schwarzerdt – Melanchthon ist die altgriechische Form dieses Namens – lebte in der kurpfälzischen Stadt Bretten. Der am 16. Februar 1497 geborene Philipp wurde vor allem durch seinen Großvater erzogen. Nach dem Besuch der öffentlichen Schule erhielt der Junge Privatunterricht. Neben Grammatik und Satzlehre bildete das Fach Latein den Schwerpunkt dieser Ausbildung.

Mit großem Fleiß lernte Philipp in Pforzheim die griechische Sprache, um daraufhin, als noch nicht Dreizehnjähriger, Student der Universität Heidelberg zu werden. Die Würde eines Baccalaureus erwarb er mit 14 Jahren, wechselte an die Universität Tübingen und wirkte dort bereits Anfang 1514 als Magister.

Reuchlins Empfehlung an Kurfürst Friedrich den Weisen führte 1518 zur Berufung nach Wittenberg. An der Seite Luthers sollte Melanchthon die griechische Sprache, aber auch die neue biblische Theologie lehren.

Bei der Ankunft in seinem neuen Wohnort entsprach sein Eindruck von der Stadt in etwa dem Luthers. Ein „elend Städtchen mit elend Leimhütten", urteilte Melanchthon. In dem „armen elenden Nest" gäbe es „keine echte Ernährung. Ist nichts Gut's zu bekommen; und wenn man schon etwas hat, so kocht mans nicht recht." Doch nach langem Schaffen in dieser Stadt bekannte Melanchthon: „Ich liebe diesen Ort wie mein Vaterland. Hier habe ich mit den trefflichsten Männern in Verbindung gestanden und gemeinschaftlich gearbeitet."

Über den ersten Wohnsitz des jungen Mannes ist heute nichts mehr bekannt. Nach seiner Heirat mit Katharina, der Tochter des Gewand-

Das Arbeitspensum des hageren Mannes war enorm. Von drei bis sieben Uhr morgens studierte Melanchthon, darauf folgte das Gebet mit der Familie, und ab acht Uhr las er Colleg in der „Leucorea".
Von Philipp Melanchthon stammen das bis heute gültige Bekenntnis aller lutherischen Kirchen – die Augsburgische Konfession – sowie die erste Kirchen- und Schulordnung und das erste Lehrbuch der lutherischen Theologie.

schneiders und Bürgermeisters Hans Krapp, am 25. November 1520 bezog Melanchthon das Budengrundstück Collegienstraße (heute Nummer 60).

Das Haus verfiel zusehends; an einen Neubau war bei anfänglich einhundert Gulden Jahresgehalt nicht zu denken. Erst nachdem der Fortzug Melanchthons aus Wittenberg 1535/36 nicht mehr auszuschließen war, flossen aus der kurfürstlichen Kasse Johann Friedrichs 500 Gulden, und die Universität legte 200 Gulden dazu. 946 Gulden kostete der Neubau, ein dreigeschossiges Gelehrtenhaus mit dem großen, sich südlich anschließenden Garten. Dieser Besitz erhob Melanchthon in den Stand eines Vollbürgers mit den dazugehörenden Rechten. 1556 erhielt das Grundstück Röhrwasseranschluss.

Melanchthons Gehalt besserte sich allmählich. 1541 lag es bei 400 Gulden jährlich. Damit war er der am höchsten bezahlte Professor Wittenbergs. Doch später resümierte er: „Ich habe weder Schätze noch Ruhm, noch Wohlleben gesucht. Mein soll der Hauptteil der Arbeit sein, mit

Melanchthonhaus mit Museumsneubau und benachbarter Leucorea

Philipp Melanchthon

den Schätzen mag sich bereichern, wer da will."

Der Philologe und Humanist wurde in Wittenberg auch zum Theologen und Dogmatiker. Als Pädagoge hatte er unzähligen Studenten Wissen vermittelt, mit ihnen disputiert und ihnen Rat gegeben. In seiner Art drastisch erkannte dies auch Luther an: „Denn was der Herr durch Philippus nicht allein in den Wissenschaften, sondern auch in der Theologie gewirkt hat, das bezeugen genugsam seine Werke, wenngleich der Satan darüber zürnt und alle seine Schuppen." Die beiden Männer verband, trotz der 14 Jahre Altersunterschied, eine zunächst fast stürmische Freundschaft. Deutliche Differenzen traten erstmals 1525 anlässlich der Eheschließung Luthers auf. Die Wogen glätteten sich allmählich, sodass Melanchthon in seiner Leichenrede Luthers als Elia seiner Zeit gedachte, der die Kirche wieder zu den Quellen gerufen habe.

Hausgeschichte. Nach Melanchthons Tod 1560 wurde das straßenseitig gelegene Wohn- und Sterbezimmer angeblich schwarz getüncht. Das Gebäude diente weiterhin meist als Professorenwohnung. Während des Festungsbaus 1626 musste ein Teil des Grundstücks abgegeben werden. Zwischen 1796 und 1808 erfuhr das Anwesen unter seinem neuen Besitzer, dem Schornsteinfegermeister Sichler, weitere Veränderungen. Er baute auf dem Hof Pferde- und Schweineställe. 1810 richtete er das Wohn-, Studier- und Sterbezimmer her und öffnete es zur Besichtigung.

1844 bot der Sohn und Erbe Sichlers das geschichtsträchtige Gebäude dem preußischen Staat an, der es im Folgejahr kaufte. Der Konservator Ferdinand von Quast empfahl eine Renovierung „in großartiger Weise". 1845 wurden ***Wandmalereien im zweiten Obergeschoss*** freigelegt und ein Fenster mit mittelalterlichen runden Butzenscheiben nachgebaut. Das Melanchthonhaus nutzte man danach als Dienstwohnung für einen Lehrer, der das Sterbe- und auch das Wappenzimmer zu pflegen und Besuchern zu öffnen hatte.

Bei Instandsetzungsarbeiten anlässlich des 400. Geburtstages Melanchthons 1897 wurden weitere Malereien im Sterbezimmer gefunden. Da sie nur noch in Fragmenten erhalten waren, entschloss man sich zu Nachschöpfungen. In jener Zeit erhielt das Gebäudeinnere im Wesentlichen sein heutiges Aussehen.

Am 20. April 1945 wurde das östliche Nachbarhaus bei einem Luftangriff zerstört. Später entfernte man störende Hofgebäude. Im Jahre 1954 zog in das Haus das 1910 gegründete ***Heimatmuseum*** ein. Zur 450-Jahr-Feier der Reformation 1967 würdigte die städtische Kulturverwaltung Philipp Melanchthons Leben und Wirken in der musealen Einrichtung.

Im Lutherjahr 1983 wurde die Konzeption der Ausstellung überarbeitet. Sie sollte künftig ein Gegengewicht zur Lutherhalle sein und Melanchthon vordergründig als Humanisten offerieren. Der 500. Geburtstag des Reformators bot 1997 Anlass, die Dauerausstellung unter dem Leitsatz Melanchthons „Ad fontes!" (Zu den Quellen, zurück zum Ursprung, zum Kern der Wahrheit) neu zu gestalten.

Besichtigung. In das Melanchthonhaus gelangte man früher durch das künstlerisch feingearbeitete Sitznischenportal, das eine quergeteilte Eichentür fasst. Heute führt der Weg ins Originalhaus durch das Foyer des Museumsanbaus. Die neue Dauerausstellung ist seit 2012 zu besichtigen.

i Seite 80

Im ***historischen Gebäude*** blieben die Räume weitgehend original erhalten. Bauforschungen der jüngeren Zeit ermöglichten die Lokalisierung von Küche und Esszimmer der Familie Melanchthon sowie den ursprünglichen Treppenverlauf. Hier erhält der Besucher Einblicke in den Alltag des Geisteswissenschaftlers und seiner Familie und lernt Stück für Stück den Menschen Philipp

Melanchthons Sterbezimmer

Original erhaltene Wappen von Schülern Melanchthons zieren die Decke im Scholarenzimmer (2. Obergeschoss). Vermutlich malte sie ein professioneller Maler kurz nach 1539.

Melanchthon kennen – den Ehemann und Vater. Das Herzstück des Rundgangs bleibt das Studier- und Sterbezimmer mit seiner historistischen Ausstattung.

In dem ***modernen Erweiterungsbau*** bieten rund 250 Quadratmeter neue Ausstellungsfläche die Möglichkeit, sich intensiv mit dem vielfältigen Werk Philipp Melanchthons zu beschäftigen – mit dem Gelehrten und Reformator, dem Außenminister der Reformation und dem Verfasser des Augsburger Bekenntnisses.

Im angrenzenden 2015 vollendeten ***Hausgarten***, der mit imposanten Hochbeeten dem historischen Vorbild der Renaissancezeit nachempfunden wurde, verzaubern sommerliche Blütenpracht und intensiver Kräuterduft verschiedener Stauden die Besucher.

TIPP

Spannungsgeladen können sich (nicht nur) Kinder die Ausstellung erobern. Mit einem gusseisernen Schlüssel, den es am Eingang gibt, lassen sich Truhen und Schränke öffnen. Dabei kommen auch ***verborgene Medienstationen*** zum Vorschein. An ihnen führt die zehnjährige Magdalena, eine Tochter Melanchthons, kindgerecht durch die Ausstellung und erzählt Geschichten vom Alltag im Hause Melanchthon.

Leucorea

Längs der Collegienstraße reihten sich einst die Gebäude der berühmten „Leucorea", der Wittenberger Universität, aneinander. Das heutige dreigeschossige Haus mit der Nummer 62 entstand zwar als Kaserne anstelle des Neuen Kollegs, doch hinter der streng gegliederten Fassade wird mittlerweile intensiv geforscht und gelehrt.

1502 hatte Kaiser Maximilian I. die Gründungsurkunde der neuen, am 18. Oktober eröffneten Bildungseinrichtung unterzeichnet. Die ersten Professorenstellen besetzte Friedrich der Weise mit Mönchen. Das war ein geschickter Schachzug, da diese Mönchsprofessoren von ihrem Stift unterhalten wurden. Außerdem dienten die Räume des Franziskanerklosters als frühe Hörsäle. Die Augustinereremiten wohnten zunächst am westlichen Ende der Stadt in einem Armenhospital, bis dann 1504 bis 1508 das Schwarze Kloster nach Entwürfen des Architekten Konrad Pflüger geschaffen wurde. Diesen hatte der Kurfürst bereits erfolgreich beim Neubau des Schlosses beschäftigt und auch für das Alte Collegium, mit dessen Bau 1503 begonnen wurde, lieferte er die Zeichnungen.

Da der enorme Zustrom von Studenten schon bald weitere Räumlichkeiten erforderte, kaufte man einige Häuser längs der Langen Straße, der heutigen Collegienstraße, auf und baute an deren Stelle 1509 bis 1513 das Neue Collegium. Im Erdgeschoss befanden sich Hörsäle und Seminarräume, in den oberen Etagen Studentenunterkünfte. Es war ein stattliches Gebäude mit dekorativen Zwerchgiebeln auf Straßen- und Hofseite sowie einem stolzen Dachreiter. Der Hof erhielt einen Brunnen (ähnlich dem heutigen auf dem Holzmarkt), der von der ersten Wittenberger Röhrfahrt gespeist wurde. Auf der Ostseite des Hofes gab es ein kleineres Gebäude mit angrenzender Mauer. Die darin eingelassene Pforte führte direkt auf Philipp Melanchthons Grundstück.

Ab 1516 entstand im Norden der Altstadt, in der heutigen Juristenstraße, das „Juridicum" – die juristische Fakultät. Doch an Räumen mangelte es weiterhin. 1550 gab es 578, zehn Jahre später 645 und im Jahre 1570 dann 746 neue Studenten – fast doppelt so viele wie in Leipzig. Eine wirkliche Lösung des Platzproblems brachte trotz stärkerer Einbeziehung des Lutherhauses erst der Neubau des Augusteums.

Deutlich zurück ging das Interesse an einem Studium in Wittenberg erst im 18. Jahrhundert. Und 1811, wenige Jahre vor Schließung der „Leucorea", erfolgten nur noch 130 Immatrikulationen. Nachdem 1812 die Universitätsleitung selbst die Verlegung des Unterrichtsbetriebs erwogen hatte, wurden gemäß königlicher Order von 1817 die altehrwürdigen Collegien geschlossen.

Die im gleichen Jahr in Halle gegründete „Vereinigte Friedrichs-Universität Halle-Wittenberg“ (ab 1933 „Martin-Luther-Universität“) verwies in ihrem Namen auf alte Traditionen.

1830 nahm man den Umbau des Alten Kollegs zur Kaserne vor, bald darauf folgte der Abriss des Neuen Kollegs. 1842/43 entstand an dessen Stelle das heutige dreigeschossige Gebäude als Kaserne. Später (bis 1956) diente es als Amtsgerichtsgefängnis. Der weitergeführte Name „Fridericianum“ erinnerte an den kurfürstlichen Universitätsgründer Friedrich den Weisen.

Am 1. April 1994 beschloss der Landtag, die Leucorea als „Stiftung des öffentlichen Rechts an der Martin-Luther-Universität“ ins Leben zu rufen. Zwei Jahre später wurde am Ort des ehemaligen Fridericianum ein Hörsaal, Seminarräume und eine Bibliothek mit Platz für mehr als 60 000 Büchern feierlich eröffnet.

Nach umfangreicher Sanierung bis 1998 nahmen im Fridericianum unter anderem die Zentren für USA-Studien bzw. für Reformationsgeschichte und Lutherische Orthodoxie sowie das Institut für deutsche Sprache und Kultur ihren Forschungs- und Lehrbetrieb auf. In den universitären Einrichtungen finden Tagungen und wissenschaftliche Veranstaltungen statt. Zudem hat die Luther-Gesellschaft im Haus ihren Sitz.

Nach dem Durchschreiten eines spätmittelalterlichen Sitznischenportals (früher zum Haus Markt 2 gehörend) erschließt sich dem Besucher ein Areal, auf dem mit der Stiftung „Leucorea“ an die glanzvolle Wittenberger Universitätsgeschichte angeknüpft wurde.

Collegienstraße

Zusammen mit der Schlossstraße ist die Collegienstraße heute Haupteinkaufs- und Flaniermeile für Lutherstädter und Touristen. Fassaden aus der Renaissancezeit, mehr aber aus Jugendstil und Gründerzeit bieten dem aufmerksamen Spaziergänger manch bemerkenswertes ***architektonisches Detail***, so beispielsweise das reich geschmückte Portal und die Giebelgestaltung in der ***Collegienstraße 89***.

Portaldetail Collegienstraße 89

Ein auffällig von Ziegelbändern verzierter mittelalterlicher Giebel gehört zum Gebäude ***Collegienstraße 12/13***. Es wird noch heute irrtümlich als Hamlet-Haus bezeichnet. So soll Shakespeares historischer Prinz in Wittenberg studiert und an dieser Stelle gewohnt haben. Allerdings gab es die Leucorea um 1200 noch gar nicht. Zur Namensklärung wird auch Dänenkönig Christian II. bemüht, der nach blutigem Gemetzel an seinen Widersachern ab 1520 fliehend durch Europa reiste und dabei nach Wittenberg kam. Ihm werden Ähnlichkeiten mit der Figur Hamlets nachgesagt und er hielt sich wohl auch im besagten Haus auf. Das heutige Gebäude stammt – nach einem Brand – erst aus dem Jahr 1904.

Giebeldetail Collegienstraße 12/13

Inschriftentafeln – auch an vielen Häusern in anderen Straßen – verweisen auf den Aufenthalt prominenter Personen in der Stadt. So wohnte in dem Haus Collegienstraße 76 ab 1756 ***Johann Daniel Titius*** (1729-1796). Er lehrte in Wittenberg Mathematik, später auch Physik und baute den ersten Blitzableiter Deutschlands, nachdem er von der Erfindung Benjamin Franklins gehört hatte. Des „Blitzschlossers von Wittenberg" gedachte später der Volksschriftsteller Berthold Auerbach.

Das Haus Collegienstraße 81 besitzt gleich vier Gedenktafeln: ***Caspar Cruziger*** (1504-1548) war ein Reformator aus der ersten Reihe, dessen Name zusammen mit Luther, Melanchthon und Bugenhagen genannt werden kann. Der Rechtsgelehrte ***Hieronymus Schurff*** (1481-1554) unterstützte Luther bei seinem Auftritt in Worms. Melanchthon schätzte ihn als „Vorbild für das ganze Leben". ***Augustin Schurff*** (1495-1548), der Bruder Hieronymus', machte Furore, als er im Beisein der Theologen einen menschlichen Schädel sezierte. In seinen Vorlesungen ging er von der Lehre der antiken Klassiker ab – seine praktischen Erfolge verhalfen ihm zu hohem Ansehen. ***Elisabeth von Meseritz*** (gest. 1535) gilt als die erste evangelische Liederdichterin. Sie hat einhundert Jahre vor ***Paul Gerhardt*** gewirkt, der von 1616 bis 1623 im Haus Collegienstraße 7 wohnte.

Röhrwasserbrunnen auf dem Holzmarkt

Am Haus Collegienstraße 12/13 könnte man sich – sozusagen hinten herum – der Stadtkirche über den ***Holzmarkt*** nähern. Der altertümliche Brunnen gehörte zum Röhrwasserleitungssystem des 16. Jahrhunderts. An dem gelben Eckhaus Collegienstraße/Mittelstraße 62 erinnert eine Tafel an die Aufenthalte ***Gotthold Ephraim Lessings*** in Wittenberg. 1748 hielt den jungen Mann auf seiner Reise von Leipzig nach Berlin eine Erkrankung fünf Monate in der Stadt fest. Lessing ließ sich als Medizin-Student immatrikulieren, befasste sich aber in Wirklichkeit mit Poesie und den schönen Künsten. Drei Jahre später weilte der Dichter erneut in der Elbestadt. Diesmal hatte er Berlin fluchtartig verlassen müssen. Lessing setzte seine Studien in den Räumen der Universitätsbibliothek fort und erlangte mit seiner Dissertation schließlich die Magisterwürde.

Stadtkirche St. Marien

Man nennt sie auch die Mutterkirche der Reformation! Denn Luther predigte hier und begründete die Tradition der evangelischen Gottesdienste. Viele bedeutende Zeitgenossen gingen in der Wittenberger St. Marienkirche ein und aus. Auf mittelalterlichen Stadtansichten steht sie meist im Zentrum, flankiert von Schloss und Schlosskirche im Westen und den Universitätsgebäuden im Osten.

Seite 80 i

Baubeschreibung. Die ältesten Teile der Kirche datieren aus dem 13. Jahrhundert. 1281 bis 1285 wurden Wallfahrten nach Wittenberg organisiert, um den Bau finanzieren zu können. Feld- und Backsteine bildeten das Baumaterial der östlichen Außenmauer, mit deren Errichtung ein künstlerischer Akzent gesetzt wurde: Eine spitzbogige, gestaffelte Blendarchitektur gliedert diese Wandfläche wirkungsvoll. Kräftige, schmucklose Strebepfeiler stützen das Mauerwerk im Süden und Osten ab. Vom Ursprungsbau blieb der heutige ***Altarraum*** erhalten, bestehend aus einem Haupt- und einem Nebenschiff, innen getrennt durch zwei quadratische Pfeiler und Gurtbögen. Ein einfaches Kreuzrippengewölbe enthält bemerkenswerte Schlusssteine, die figürlichen Schmuck und Blattornamente tragen. Zu sehen sind der segnende Christus (erstes Hauptschiffjoch) sowie das Lamm Christi, eine Engelsgestalt und ein Drachen (Seitenschiff).

1412 begannen die Arbeiten zum Bau der fast quadratischen ***dreischiffigen Hallenkirche*** gen Westen anstelle des alten Langhauses. Ihre vier Joche sind außen durch Strebepfeiler markiert, die bis zum Dachgesims reichen. Komplizierte Maßwerkformen schmücken die dazwischenliegenden Spitzbogenfenster. Im Inneren markiert ein Triumphbogen die Nahtstelle zum Erweiterungsbau. Achteckpfeiler trennen das Mittelschiff von den Seitenschiffen.

Den westlichen Teil des Kirchenbaus prägen die wuchtigen und zugleich schlichten Turmquader. Das ***Westportal*** wird nach seinem Tympanon-Relief mit einer Maria auch Marienportal genannt. Die Maßwerkrose und das hohe schmale Spitzbogenfenster darüber betonen wirksam die Mittelachse. Ende Juli 2015 fielen auch hier die Bauplanen und gaben ein sorgsam restauriertes

Von 2010 bis 2015 unterzog sich die Stadtkirche einer ***„Jahrhundertsanierung“***. Sie betraf den kompletten Außenbau mit Dach und Türmen sowie große Bereiche des Inneren, wo Heizungs-, Elektro- und Beleuchtungsanlagen erneuert sowie zahlreiche Kunstgegenstände restauriert wurden. Ende 2014 weihte die Landesbischöfin die Predigtkirche Martin Luthers neu ein.

Stadtkirche St. Marien

Portal frei, das sich nun harmonisch in die frisch verputzte Außenhaut des Sakralbaus einfügt.

Aus dem Jahre 1432 stammt der backsteinerne Verbindungsbau zwischen beiden **Türmen**. Diese hatten zu der Zeit durch das Aufsetzen von Glockenschächten die heutige Höhe von etwa 60 Metern erreicht. Waagerecht verlaufende Gesimslinien übernehmen eine Gliederung der Turmfassade.

Bis zum Schmalkaldischen Krieg trugen die Türme vierflächige, gotische Pyramiden, die dann zu Verteidigungszwecken entfernt wurden. Neue Turmaufsätze entwarf der renommierte Baumeister Ludwig Binder aus Zerbst. Binder, der zwei Jahre zuvor den Turmneubau der Dessauer Schloss- und Stadtkirche St. Marien vollendet hatte, übernahm die dortige Art der Turmbekrönung: Die in ihrem Grundriss achteckigen Renaissancestühle tragen einen glockenförmigen Haubenaufsatz und darüber je eine achtseitige Laterne. Allerdings wurden die im Februar 1556 begonnenen Arbeiten jäh unterbrochen, als Binder im Oktober vom Turm stürzte und tödlich verunglückte. Bis 1558 zog sich die Fertigstellung hin. Lucas Cranach d. J. übernahm die Vergoldungen, dann wurden 48 Zentner Kupferblech aufgelegt und die Dächer gedeckt.

1570 erhöhte man die Sakristei nördlich vom Altarraum und glich das Dach dem des großen Hauptschiffs an. Gleichzeitig erhielt die Kirche einen Wendelstein an der Nordwand. Ab 1655/56 ersetzte eine gewölbte steinerne Brücke zwischen beiden Türmen die alte Holzkonstruktion; an die Stelle der Steinbrüstungen auf den Turmstümpfen traten eiserne Gitter.

In der Haube des nördlichen Kirchturms befand sich früher die ***Wohnung des Türmers***. Anna Otto, geb. Kühne, war die letzte Amtsinhaberin. In der viereinhalb Zimmer und Küche umfassenden Wohnung, zu der man über 192 Stufen gelangte, wohnte sie 48 Jahre lang. 1945 starb Anna im Alter von 82 Jahren.

Fürst Leopold III. Friedrich Franz von Anhalt-Dessau (1740-1817), Initiator des Dessau-Wörlitzer Gartenreichs, vermittelte baukünstlerische Kontakte mit dem banachbarten Anhalt. Carlo Ignazio Pozzi (1766-1842) ordnete in den Jahren 1810 bis 1812 die heterogenen Elemente der Stadtkirche durch eine Neugestaltung des Kircheninneren. Neben hölzernen Emporen – von einer wurde 1928 die obere Etage wieder entfernt – erhielt die Kirche einen neuen Orgelprospekt, die Choremporen und die Kanzel. 335 alte Grabsteine vom eingeebneten Kirchhof dienten als Baumaterial für den neuen Plattenfußboden.

Zu beiden Seiten des ***Nordportals*** bauen sich türmchenartige Fialen auf. Unter den vier nischenartigen Rundbögen kragen Konsolbüsten hervor. Darüber finden sich in den äußeren Feldern die stark verwitterten Skulpturen der Apostel Petrus und Paulus.

Blick von der Orgelempore zum Altarraum

i Seite 80

Besichtigung. Bevor man die Stadtkirche St. Marien durch das Doppelportal der Südvorhalle betritt, erregt eine farbige, hölzerne Sonnenuhr aus dem 17. Jahrhundert Aufmerksamkeit. Dann passiert der Besucher eine moderne Glastür und taucht langsam ein in die Welt von Luther, Cranach und Melanchthon. Von der mittelalterlichen Ausstattung der Kirche blieb sehr wenig erhalten.

Die Holzkanzel des Reformators, seit 1883 als Dauerleihgabe im Lutherhaus, stand einst an dem Pfeiler gegenüber der heutigen neugotischen Kanzel. Ab 1514 predigte Martin Luther wöchentlich zweimal in der Stadtkirche. Am 29. Oktober 1525 hielt er die Messe erstmals vollständig in deutscher Sprache.

Das ***Bronzetaufbecken*** Hermann Vischers d. Ä., ein Meisterwerk mittelalterlichen Bronzegusses, ist das einzige bezeichnete Werk des Begründers der Vischerschen Gießhütten. Formen der Spätgotik und auch bereits der Frührenaissance finden sich an dem 1457 datierten Kunstwerk. Vier Wappenlöwen lagern zu Füßen des Beckens. Darüber erscheinen, voll plastisch ausgeführt, die Gestalten von vier Aposteln. Die Fußkonstruktion wird von Fabelwesen wirkungsvoll belebt. Weitere acht Apostel in den Hochreliefs sollen den Täufling vor Unheil bewahren. Seit Ende Mai 2015 hat die Taufe einen neuen Platz, einige Meter weiter rechts. Auf dem eigens angefertigten Plateau kann sie inmitten der

Chorstufen jetzt nach allen Seiten ihre Ikonographie entfalten.

Vom ehemaligen Kirchhof stammt das vermutlich in der ersten Hälfte des 14. Jahrhunderts entstandene ***Sandsteinrelief mit Christus als Weltenrichter***. Es befindet sich seit 1955 in der Sakristei. Das flache Relief zeigt eine streng symmetrische Gliederung, die von dem drohenden Blick der weit geöffneten Augen beherrscht wird.

Kostbarstes Ausstattungsstück der Stadtkirche ist der berühmte ***Cranach-Altar***. Der Legende nach erfolgte seine Einweihung gerade an dem Tag, an dem das Heer der Protestanten bei Mühlberg vernichtend geschlagen wurde. Dieser als „Reformationsaltar" berühmte Retabel

„Reformationsaltar" aus der Cranach-Werkstatt

erstrahlt nach akribischer Restaurierung seit Oktober 2014 tatsächlich wieder in neuem Glanz, nachdem die oberste verschmutzte Firnislage der Gemälde entfernt wurde.

In diesem Zusammenhang brachten auch archivalische Forschungen neue Erkenntnisse zur Entstehung des Kunstwerks hervor. Die Wissenschaftler gehen heute nicht mehr davon aus, dass der Mittelteil bereits 1539 von Cranach d. Ä. und die Flügel bis 1547 vom Jüngeren stammen. Als erwiesen gilt, dass der Altaraufsatz erst 1548 aufgestellt wurde und auch direkt in den Jahren davor als geschlossen konzipiertes Gesamtwerk entstand – also kunstgeschichtlich Crananch d. J. zuzuschreiben ist. Zu dieser Zeit hatte bereits der Generationenwechsel in der Werkstatt stattgefunden. Ob allerdings Vater Cranach nicht dennoch hin und wieder der von ihm gegründeten Werkstatt einen Arbeitsbesuch abstattete und am Retabel mitwirkte, ist freilich nicht auszuschließen.

Das Gesamtkunstwerk drückt die neue Lehre Luthers bildhaft aus, die nur noch die Taufe (links) und das Abendmahl (Mitte) als heilige Sakramente gelten lässt, sowie Buße und Beichte (rechts) als ebenfalls notwendig erachtet. Der Betrachter wird in die Welt des 16. Jahrhunderts entführt, denn in den dargestellten Szenen tauchen die Wittenberger Reformatoren auf. Die ausgezeichnet ausgeführten Porträts geben Einblick in die Psyche der Personen. Die Reformatoren verstanden sich als Glieder der christlichen Kirche und ließen sich demzufolge in Ausübung kirchlicher Handlungen darstellen. Das linke Bild zeigt Philipp Melanchthon bei der Taufe. Auf dem sonst so ernsthaften Gesicht findet sich, in Anbetracht des hilflosen Kindskörpers auf seinem linken Arm, ein gütiges Lächeln. Neben dem Taufbecken stehen die Paten, von denen Lucas Cranach d. Ä. hilfreich das Handtuch bereithält.

Als Beichtvater agiert auf dem rechten Bild Johannes Bugenhagen, nach Simon Heyns der zweite protestantische Pfarrer der Stadtkirche. Bugenhagens Gesichtszüge sind ruhig und klar, voll Verantwortungsbewusstsein. Sein Blick ist auf ein inneres festes Ziel orientiert. Verständlich, dass ihm seine Gemeinde Vertrauen entgegenbrachte. Sein Grabmal befindet sich am südlichen Pfeiler der Altarraumöffnung.

Das mittlere Bild zeigt, ellipsenförmig angeordnet, die (innerlich erregten) Teilnehmer des Abendmahls: Auf der linken Seite bekommt Judas von Jesus einen Bissen in den Mund geschoben – Physiognomie und prall gefüllter Geldbeutel markieren den Verräter. Weiter rechts reicht möglicherweise Cranach d. J. in der Rolle des Mundschenks einen Becher Wein an Martin Luther, der hier mit dem Vollbart des Junkers Jörg erscheint. In der Runde der Jünger will man weitere prominente Bürger der Reformationszeit entdeckt haben, die allerdings nicht eindeutig zu benennen sind. Links neben Luther glaubt man Hans Lufft, den ersten Drucker der Gesamtbibel, zu sehen.

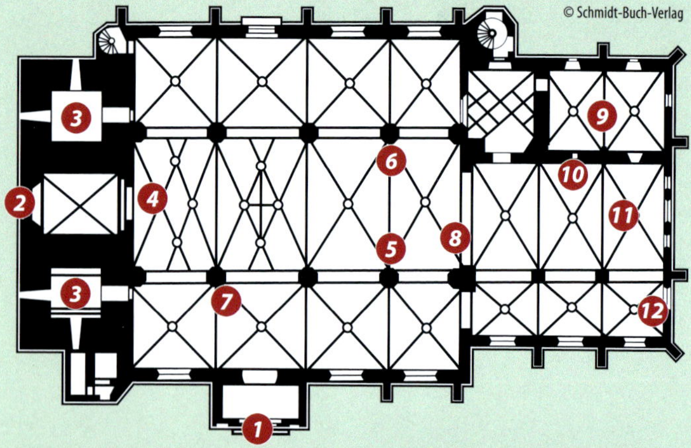

1 Südvorhalle mit Sonnenuhr (Eingang)
2 Marienportal am Westbau
3 Westtürme
4 Empore mit Sauer-Orgel
5 Neugotische Kanzel
6 Standort der Lutherkanzel bis 1883
7 Grablege Lucas Cranachs d. J.
8 Bronzetaufbecken von Vischer d. Ä.
9 Sakristei (Sonderausstellungsraum)
10 Epitaph für Lucas Cranach d. J. und seine Ehefrauen Barbara und Magdalena
11 Reformationsaltar aus der Cranach-Werkstatt (1548 aufgestellt)
12 Epitaph "Weinberg des Herrn" von Lucas Cranach d. J. für Paulus Eber

Das Gemälde der Predella zeigt den predigenden Martin Luther. Mit ausgestrecktem Arm weist der Reformator in Richtung des gekreuzigten Jesus, der symbolhaft in der Mitte, also zwischen Prediger und Gemeinde, dargestellt wird. In der ergriffen lauschenden Zuhörergruppe erblickt man Luthers Frau Katharina und den kleinen Sohn Hans, im Hintergrund steht noch einmal Lucas Cranach d. Ä. an der Wand.

Die Gemälde auf der Altarrückseite stammen aus der Werkstatt Lucas Cranachs d. J. und bleiben qualitativ und inhaltlich etwas zurück. Während der Umbauten im neugotischen Stil wurden sie zugemauert und erst im Jahre 1883 wieder freigelegt. Die mittlere Tafel zeigt Christus als Sieger über Tod und Teufel. Weitere Motive sind die Opferung Isaaks und die Aufrichtung der ehernen Schlange aus dem alten Testament. Die Predellenrückseite mit einer Auferstehungsszene wurde stark beschädigt.

Unter den zahlreichen ***Epitaphien und Steinbildern***, die bei der Renovierung von 1928 teilweise neue Aufstellungsorte erhielten, sind zwei besonders bemerkenswert. Links vom Altar ziert ein Alabasterrelief mit der Grablegung Christi das ***Epitaph für Lucas Cranach d. J.*** und seine beiden Ehefrauen Barbara und Magdalena. Es wurde 1606 von dem Dresdner Bildhauer Sebastian Walter höchst

Cranachs „Weinberg des Herrn“

qualitätvoll geschaffen und gilt als eines der Hauptwerke der italienisch geprägten sächsischen Spätrenaissance-Skulptur. Die Grabstätte mit Gedenktafel Cranachs d. J. befindet sich unter der Empore des südlichen Seitenschiffs.

In der Südostecke des Altarraums zeigt das Epitaph für Paulus Eber, dem Nachfolger Bugenhagens, ein inhaltlich brisantes Gemälde des jungen Cranachs: den ***„Weinberg des Herrn“***. Das Motiv entspringt der harten Polemik, die zwischen den Protestanten – hier in Gestalt der Wittenberger Reformatoren als „gute Arbeiter“ – und dem päpstlichen Klerus, dem der Weinberg verwildert und verdorrt, ausgetragen wurde. Ein weiteres Epitaph ist dem in der Stadtkirche beigesetzten Rektor Martin Pollich gewidmet.

Der ***Orgelprospekt*** geht überwiegend auf Entwürfe von Carlo Ignazio Pozzi (1811) zurück. Nach einer Erweiterung bereits 1928 unter Verwendung alter Register, bauten Spezialisten des Orgelbaubetriebes Wilhelm Sauer aus Frankfurt (Oder) 1983 ein neues Instrument in das ursprüngliche Gehäuse ein. Nach einer Generalüberholung wurde die mit 53 Registern großzügig ausgestattete Orgel mit Werken von Johann Sebastian Bach und Franz Liszt im März 2015 eingeweiht.

Alabasterrelief am Epitaph Lucas Cranachs d. J.

Der Kirchplatz

Neben der Bestattung im Kellergewölbe der St. Marienkirche, wo die Sarkophage in drei, vier Reihen übereinander angeordnet lagen, erfolgten die Beisetzungen auf dem Kirchhof, der bis Ende des 18. Jahrhunderts als Friedhof diente. Hier wurden auch Familienangehörige Luthers, Melanchthons, Schurffs und anderer Persönlichkeiten der Reformationszeit beigesetzt.

Fronleichnamskapelle

Um die bei feierlichen Beisetzungen üblichen reichen Gaben entbrannte heftiger Streit. Gewöhnlich standen diese Pfründe dem Franziskanerkloster zu, doch selbstbewusste Wittenberger gründeten eine Bruderschaft, die vor allem die Begräbnisse reicher Bürger übernahm. Als Stifter der 1368 errichteten Kapelle gilt der wohlhabende Bürger und Ratsherr Konrad Wynman. Am Schlussstein eines Bogens im Kapelleninneren findet sich sein Wappen. 1456, nach einer Zerstörung des Bauwerks, ermöglichte ein gewisser Georg Zülsdorf den Neuaufbau. Im Osten schließt das Backsteingebäude ein einfacher dreiseitiger Chor ab, im Westen erhebt sich ein schlankes achteckiges Türmchen.

Begräbnisgottesdienste fanden in der Kapelle bis 1772 statt. Sie beherbergte eine Zeit lang eine kirchliche Gemäldesammlung, später – von 1913 bis 1928 – das Heimatkundemuseum. Heute wird sie wieder kirchlich genutzt. Zahlreiche Grabsteine, die von der Einebnung des Friedhofs stammen, stehen heute an den Außenwänden von Stadtkirche und Begräbniskapelle.

Judengedenkplatte

Judengedenkstätte

Im November 1988, fünfzig Jahre nach der berüchtigten Reichskristallnacht, wurde in das Kopfsteinpflaster des Kirchplatzes, unmittelbar am südöstlichen Chor der Stadtkirche St. Marien, eine Gedenkplatte eingelassen, die nicht nur an das unsagbare Leid der Juden im Dritten Reich erinnert, sondern an über Jahrhunderte hinweg begangene Untaten mahnt. Die Inschrift lautet:

„GOTTES EIGENTLICHER NAME
DER GESCHMÄHTE
SCHEM-HA-MPHORAS
DEN DIE JUDEN VOR DEN CHRISTEN
FAST UNSAGBAR HEILIG HIELTEN
STARB IN SECHS MILLIONEN JUDEN
UNTER EINEM KREUZESZEICHEN"

Fronleichnamskapelle

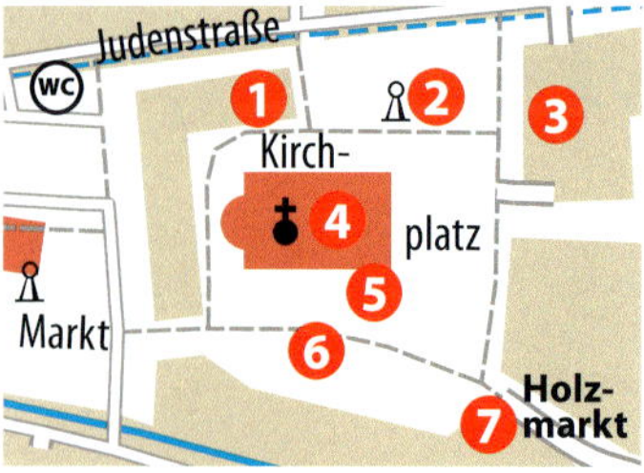

1 **Gymnasium**
2 **Bugenhagen-Denkmal**
3 **Bugenhagenhaus**
4 **Stadtkirche St. Marien**
5 **Juden-Gedenkstätte**
6 **Fronleichnamskapelle**
7 **Lessing-Gedenktafel**

Die Stelle ist nicht zufällig gewählt worden: Oberhalb der Bronzeplatte befindet sich in Höhe des Dachgesimses der Kirche eine sogenannte „Judensau". In obszöner Weise werden jüdische Menschen, erkennbar an ihren spitzen Kappen in intimster Beziehung zu dem für sie unreinen Schwein dargestellt.

Als Schmäh- und Spottbild war die „Judensau" bereits seit dem 12. Jahrhundert in Europa verbreitet. Die Wittenberger Darstellung datiert aus dem Jahre 1304. Seinerzeit – und dann noch einmal 1440 – kam es zur Austreibung der Juden aus der Stadt, rund vierzig Jahre bevor sie „überall in deutschen Landen erschlagen und verbrannt" wurden. Die Inschrift „Rabini Schem-Ha-Mphoras" gilt nach Helmar Junghans bei den kabbalistischen Rabbinern als „ausgelegter Name Gottes" und als Zauberformel. Auch Luther polemisierte gegen die abergläubigen „Lügen" der Juden, lehnte aber Gewaltanwendung ab. Das Mahn- und Bußzeichen, das durch die evangelische Gemeinde gesetzt wurde, bringt die Greueltaten des Mittelalters mit denen des Dritten Reiches in Verbindung. Die Erde hebt sich: „AUS DER TIEFE RUFE ICH, HERR, ZU DIR", heißt es auf hebräisch.

Bugenhagenhaus

Das Haus Kirchplatz 9 wurde für Dr. Johannes Bugenhagen als Dienstwohnung gebaut. Neben Martin Luther und Philipp Melanchthon gehört er in die Reihe derer, die für das Gedeihen der Reformation wirkten.

Der am 24. Juni 1485 im pommerschen Wollin geborene Bugenhagen studierte in Greifswald Griechisch und Latein. Die Lehren des Erasmus von Rotterdam brachten ihn der Theologie näher; seine Sympathie für die Wittenberger Reformation führte ihn 1521 in die Elbestadt. Ab 1523 predigte er als Pfarrer der Stadtkirche, wurde Universitätslehrer und schließlich Generalsuperintendent des Kurkreises. Besondere Verdienste erwarb er sich im Bildungswesen.

Dem Weitertragen des reformatorischen Gedankenguts widmete er viel Zeit. Gerade in seiner norddeutschen Heimat und in Skandinavien kam die Reformation dank Bugenhagen gut voran. So schuf er die neuen Kirchenordnungen für Braunschweig, Hamburg, Schleswig, Holstein, Lübeck, Pommern und Danzig, für Dänemark und Norwegen.

Am 20. April 1558 starb Bugenhagen in Wittenberg und wurde in der Stadtkirche beigesetzt. 1894 schuf der Berliner Bildhauer Janensch das

Alte Lateinschule und Bugenhagen-Denkmal

Denkmal, das auf dem Kirchplatz vor dem Nordportal der Stadtkirche den Reformator ehrt. Durch Umbauten 1605 und 1731/32 erfuhr das Haus starke Veränderungen. Seit 2007 nutzt die Evangelische Stadtkirchengemeinde das denkmalgerecht sanierte Gebäude als Begegnungs- und Kommunikationszentrum.

Gymnasium

Um den Kirchplatz gruppierten sich mehrere Schulen. Das Haus Jüdenstraße 38 war die alte Wittenberger Lateinschule, später Gymnasium. Das 1564 anstelle eines Vorgängerbaus errichtete Gebäude wurde 1828 aufgestockt; seit 1888 dient es gewerblichen Zwecken.

Inschriftentafeln erinnern an den Aufenthalt bekannter Persönlichkeiten: Der aus Königsberg stammende Dichter ***Simon Dach*** (1605-1659) erweiterte in Wittenberg seine Lateinkenntnisse und studierte die griechische Sprache. ***Friedrich Brandt*** (1802-1879), ein aus Jüterbog stammender Naturforscher, erlebte hier seine Gymnasialzeit. Nach der Promotion in Berlin wurde der junge Gelehrte durch Alexander von Humboldt nach St. Petersburg empfohlen. Über ein Dutzend Tiere tragen in ihrem lateinischen Namen auch den Brandts.

Johann Gottfried Galle (1812-1910), der spätere Astronom, war ebenfalls Gymnasiast in Wittenberg. Nachdem bereits der Franzose Leverrier die Bahn eines Planeten außerhalb des Saturns berechnet hatte, konnte Galle diesen in der Nacht vom 23. zum 24. September 1846 tatsächlich entdecken.

Der Marktplatz

Der Wittenberger Marktplatz beeindruckt durch sein über Jahrhunderte gewachsenes und doch harmonisches Bauensemble auf großzügig bemessenem Terrain. Die Nordseite wird von der Fassade des Renaissance-Rathauses dominiert. Auf der Freifläche davor stehen die Denkmäler Martin Luthers und Philipp Melanchthons sowie der Marktbrunnen. Nach Osten, Süden und Westen übernehmen Bürgerhausfassaden mit manchem entdeckenswerten Detail die Begrenzung des Platzes, an der Ostseite werden sie von den beiden Türmen der Stadtkirche St. Marien überragt.

Das Rathaus

Kenner rechnen das Rathaus zu den schönsten im mitteldeutschen Raum. Seine deutlich gegliederte Fassade weist die Merkmale dreier Stilepochen auf. Während vor allem die Gardinenfenster der ersten beiden Geschosse noch spätgotisch geprägt sind, künden Zwerchgiebel und Gesimsleisten von der eigentlichen Entstehungszeit, der Renaissance. Das erst 1573 ergänzte Gerichtsportal trägt bereits üppigere Dekors, als Ankündigung des Barock. Der Altan ist an der Südfassade außermittig angesetzt, was die etwas strenge Symmetrie der Fassadengestaltung wirksam auflockert. Insgesamt verleiht die Verwendung weniger Schmuckmotive dem Gebäude die Ausstrahlung selbstbewusster Kraft und Gediegenheit.

Ein bereits 1317 (und dann nochmals 1385 und 1393) genanntes Rathaus lässt sich heute nur noch schwer lokalisieren. Wahrscheinlich war es mit einem Kaufhaus identisch, das sich südlich des heutigen Rathausbaus befunden haben muss. 1521 begannen die Vorbereitungen für den Neubau. Über zwanzig Hausstellen mussten aufgekauft und abgerissen werden, bevor die Grundsteinlegung am 11. Mai 1523

Das Gerichtsportal schuf der Torgauer Bildhauer Georg Schröter 1573. Vom Vorzimmer des Bürgermeisters aus ist der Balkon zu betreten. Manches Urteil wurde von ihm verkündet, während vom Dachreiter das Armesünderglöckchen läutete.

Marktplatz

stattfinden konnte. Die Ausführung zog sich lange hin, wohl aus Geldmangel. Lucas Cranach d. Ä., dessen Werkstatt an den Innenarbeiten beteiligt war, streckte finanzielle Mittel vor und half, das Projekt voranzubringen. 1535 konnten die Arbeiten schließlich abgeschlossen werden, im Inneren erst 1541.

Das Gebäude wurde in der Folgezeit vielseitig genutzt. Neben administrativen Zwecken erfüllte es auch kommerzielle – eine damals durchaus übliche Rollenverteilung. Am Westende des Kellergeschosses befand sich der Ratskeller, östlich davon bestanden zwei Gefängnisse. Das westliche Erdgeschoss nutzte der Kellerwirt als Wohnung. Im Norden waren die Spritzenkammer, die Mehlwaage, weitere Gefängnisse, die Marktmeisterwohnung und die Ratswaage untergebracht. In der Gebäudemitte lag der tonnengewölbte „Caspar", ein Gefängnis mit Folterkammer. Östlich davon war die Salz-Schank-Stube eingerichtet. Das erste Obergeschoss diente vornehmlich der Repräsentation. Ratsarchiv und Ratssitzungsstube befanden sich im Westen, den östlichen Teil dieses Geschosses füllte der große Bürgersaal, in dem Tuchmacher und Schuster ihre Waren feilboten. Im großen Saal des zweiten Geschosses hielten die Kürschner feil. Sie waren dem Fiskus am nächsten, denn neben ihnen fanden sich die Steuer- und die Akzisestube sowie die Stadtschreiberei. Auf dem Dachboden lagerte Getreide aus den Steuerabgaben der Ratsdörfer.

Die Sparsamkeit in der Bauphase sollte sich offensichtlich rächen, denn 1563 wurde berichtet, dass das Rathaus „eingegangen und in Hau-

fen gefallen" sei. Erst sieben Jahre später begann der Wiederaufbau, der bis 1573 andauerte.

Ab 1441 besaß Wittenberg die hohe Gerichtsbarkeit, was die den ***Altan*** bekrönende Justitia symbolisiert. Sie ist von allegorischen Gestalten umgeben: Glaube und Weisheit (Süden), Liebe und Hoffnung (Osten), Tapferkeit und Geduld (Westen). Seitlich der Balkonsäulen finden sich die Verkörperungen von Religion und Frieden. Sinnsprüche mahnen die Ergebenheit vor der Obrigkeit an, die von Gott verordnet sei, wie beispielsweise: „Fürchte Gott, ehre die Obrigkeit und sei nicht mit den Aufrührern." Für den Fall, dass das einmal nicht befolgt werden würde, hatten die Oberen vorgesorgt: Eine Geheimtreppe führte von der Ratsstube bis zum Stadtkeller.

Vor dem Rathausportal fand manch aufsehenerregende Hinrichtung statt, die letzte 1761. Im Stadtarchiv bewahrte man neben anderen spektakulären Schaustücken auch die abgeschlagene Hand der Susanne Zimmermann auf. Nachdem diese ihre sieben Stiefkinder vergiftet hatte, wurde sie auf einer Kuhhaut durch die Stadt geschleift und am 26. Oktober 1728 hingerichtet. Vier quadratische Pflastersteine bezeichnen noch heute den Aufstellungsort des Schafotts.

Nachdem das Rathaus 1760 als Lazarett dienen musste, war es für eine generelle Instandsetzung reif, die dann auch 1768 erfolgte. 1926 bis 1928 wurde das gesamte Innere neu ausgebaut – nicht ohne Preisgabe architektonischer Details. Am Außenbau wurden sämtliche Giebel erneuert, aber die Umfassungsmauern blieben erhalten. So konnte durch ein kluges denkmalpflegerisches Konzept der originale Eindruck aus dem 16. Jahrhundert erhalten werden.

Das Rathausgebäude beherbergt die ***Dauerausstellung „Christliche Kunst im 20. Jahrhundert"***, initiiert vom Stifterehepaar Dr. Gisela Meister-Scheufelen und Dr. Ulrich Scheufelen. Zu sehen sind vor allem Werke deutscher Expressionisten, aber auch neuzeitlicher Künstler. Am umfangreichsten widmet sich die Ausstellung dem Schaffen von Max Beckmann, Marc Chagall, Otto Dix sowie Max Pechstein.

i Seite 80

Denkmale Luthers und Melanchthons

Mit 2,85 Metern überlebensgroß schaut der Reformator vom Granitsockel herab. Baren Hauptes, im weiten Talar, hält er in der linken Hand die aufgeschlagene Bibel. Karl Friedrich Schinkel urteilte 1824: „Der Kopf ist recht schön im Charakter und gut ausgeführt, das ganze Monument dem Platz angemessen von angenehmer Wirkung." Martin Luther ein Denkmal zu setzen, beabsichtigte 1804/05 zunächst die Vaterländisch-literarische Gesellschaft der Grafschaft Mansfeld. König Friedrich Wilhelm III. wünschte die Aufstellung in Wittenberg. Personen von Rang und Namen reichten Entwürfe ein, unter ihnen Schinkel, der eine große Halle von 50 Fuß Höhe mit einer Statue darin plante. Nach seiner Meinung wurde die Welt mit der einfachen Figur „abgespeist", die Johann Gottfried Schadow 1805 entwarf.

Die Kriege von 1806/07 und 1812/13 verzögerten die Ausführung. Erst 1817 konnte der Grundstein gelegt werden. Bis zur feierlichen Enthüllung sollten noch einmal vier Jahre vergehen, sie fand am 31. Oktober 1821 statt. Schinkel selbst kam am Ende doch zum Einsatz. Er entwarf Sockel und Baldachin und empfahl auch den Aufstellungsort. Ein 1823 ergänztes Schutzgitter wurde 1928 wieder entfernt.

Westlich von Luthers Standbild befindet sich das Melanchthon-Denkmal, dessen Bauablauf sich nicht ganz so langwierig gestaltete. 1858 erging der Auftrag an Friedrich Drake; zwei Jahre später, zum dreihundertsten Todestag des berühmten Professors, legte man den Grundstein. 1865 erfolgte die Einweihung des Denkmals. Den Baldachin entwarf Johann Heinrich Stracks in Anlehnung an die Schinkelsche Gestaltung. Barhäuptig und im Talar wie Luther steht Melanchthon auf dem Sockel, in der rechten Hand die Rolle des Augsburgischen Glaubensbekenntnisses haltend.

1948 waren die Baldachine der beiden Denkmale so stark verwittert, dass sie geklammert und schließlich 1966/67 in Lauchhammer nachgegossen werden mussten. 2010 wurden – unter großer Anteilnahme der Bevölkerung – beide Denkmale komplett abgetragen, um sie einer gründlichen Restaurierung bzw. Pflege zu unterziehen.

Philipp Melanchthon

Der Marktbrunnen

Südwestlich des Rathauses befindet sich der Marktbrunnen. Einer der insgesamt vier Giebel zeigt das Wappen Wittenbergs, an einem anderen findet sich die Inschrift: „Anno 1617 mense julio …" (Im Jahre 1617 im Monat Juli ist dieses Bauwerk auf Kosten des Rates und der Nachbarn aufgerichtet worden). Wer keinen eigenen Röhrwasseranschluss hatte, konnte sich an dieser Stelle mit Wasser versorgen. Hinter dem Rathaus in der Coswiger Straße und in der Jüdenstraße sprudeln die Stadtbäche wieder wie im Mittelalter munter als offene Bäche durch die Stadt. Händler hielten hier in mit Frischwasser gespeisten Becken die auf dem Markt angebotenen Fische aus der Elbe frisch. Einst wurden die Mühlräder der Kurfürstlichen Amtsmühle am Schlossplatz durch die beiden Bäche (Trajuhnscher Bach und Rischebach) angetrieben. Für die angesiedelten Brauereien, Gerber und Färber bildete das Bachwasser die Lebensader.

Bachlauf in der Coswiger Straße

Bürgerhäuser

Unter den Bürgerhäusern, die den Marktplatz säumen, findet sich manches bemerkenswerte Exemplar aus Wittenbergs Blütezeit, der Renaissance. Die besonders prächtigen Giebelkonstruktionen an den Häusern ***Markt 23 und 25*** korrespondieren mit der Gestaltung des Rathauses. Vieles ging leider bei den Belagerungen von 1760 und 1813 verloren, wurde später wieder ergänzt oder völlig neu gestaltet. Manche nachfolgende Bausünde führte zu weiteren Einbußen, so 1966/67, als es zu einer rigorosen Vereinfachung der Hausfassaden am Marktplatz kam.

Ungeachtet solcher Veränderungen künden die Gebäude von ihren einstigen Besitzern oder Mietern. So wurde das Haus ***Markt 3*** vermutlich um 1533 von dem Buchhändler und ***Verleger Christoph Schramm*** (gest. 1549) erworben, der mit seinen fundierten verlegerischen Fähigkeiten beachtliche wirtschaftliche Erfolge erzielen konnte. Er zählt zu den drei Wittenberger Bürgern, die Martin Luthers Gesamtbibel 1534 herausgebracht hatten. Sein Kapital legte Schramm in Grundstücken, Weinbergen und im Bergbau an.

Als das Gebäude Markt 22 noch das Hotel „Zur Goldenen Weintraube" war, wohnte ***Maxim Gorki*** hier. Er weilte in Wittenberg zum Korrekturlesen und zur Drucklegung seines Werkes „Nachtasyl". Die deutsche Erstausgabe wurde 1903 bei Herrose & Ziemsen (Lucas-Cranach-Straße 22) gedruckt.

Spiel mit Kontrasten: Loggia des prächtigen monochromen Jugendstilbaus am ***Markt 9***. Das Haus mit zahlreichen historisierenden Details entstand im Jahre 1906 nach Plänen des Dessauer Architekten Daniel Schultz.

Ganz in der Tradition Cranachs und Schramms stand auch ***Samuel Selfisch*** (1529-1615). Dieser erwarb das Gebäude mit viel Nebengelass 1564 und betrieb von dort aus ein kleines Imperium, das alle Stationen der Buchproduktion – von der Papierherstellung und dem Handel mit dieser Rohware über Drucken, Binden bis hin zum Vertrieb – umfasste. Filialen in Leipzig und Frankfurt/Main waren wichtige Stützpunkte für den europaweiten Buchhandel Selfischs. Darüber hinaus fühlte er sich durchaus seiner Stadt verpflichtet und dachte sozial. 1569 in den Rat gewählt, wurde Selfisch 1585

Bürgermeister. Seine testamentarischen Stiftungen halfen die Armut in der Stadt zu verringern.

Das benachbarte Haus **Markt 4** bewohnte der Gründungsrektor der „Leucorea" ***Martin Pollich*** aus Mellrichstadt. Er eröffnete darin eine Apotheke. Wahrscheinlich 1507 erwarb dann Lucas Cranach das Gebäude (mehr dazu im Kapitel „Cranachhäuser und -höfe" S. 61).

In Vorbereitungen auf das Lutherjahr 1983 stellte man auch eine reizvolle Hofanlage aus dem 16. Jahrhundert wieder her. Der Durchgang im Haus **Markt 6** führt direkt dorthin, auf den sogenannten Beyerhof, benannt nach dem Dekan und Mitglied der juristischen Fakultät ***Christian Beyer*** (1503-1535). Er stieg zum Bürgermeister und kurfürstlichen Kanzler auf. 1530 trug er Kaiser Karl V. die „Augsburger Konfession" in deutscher Sprache vor. Nach einem Brand im Jahre 1512 ließ Beyer eines der stattlichsten Bürgerhäuser am Markt errichten.

Während die Hauptfassade dem Beschuss von 1813 zum Opfer fiel, gibt es auf dem Hof viel Authentisches zu sehen. Besonders bemerkenswert ist der schlanke Wendelstein, über den man in die oberen Geschosse gelangt. Die hölzernen Umgänge an der Westseite führten einst zu Unterkünften für Studenten. Eine Wandnische bewahrt ein Relief des „Fahnenritters" aus der Cranach-Werkstatt. Für Kurfürst Johann Friedrich I. angefertigt, konnte dieser es nach seiner Gefangennahme bei Mühlberg nicht mehr in Augenschein nehmen. Lange Zeit lag es im Schuppen und wurde später am Treppenhaus der Schlossstraße 1 eingemauert, wo es allmählich verwitterte.

Beyerhof aus dem 16. Jahrhundert

TIPP

Die heute hier ansässige ***Brauerei*** erstreckt sich über drei Etagen. In zweien von ihnen wird nicht nur gebraut, sondern auch ausgeschenkt. Gäste des Restaurants erleben sozusagen den Brauprozess live mit.

Cranachhäuser – Cranachhöfe

Die Wittenberger lobten ihn als künstlerisch ebenbürtig mit Albrecht Dürer. Martin Luther schätzte ihn als Geschäftsmann und als Mensch. Lucas Cranach d. Ä. (1472-1553) war bei Martin Luthers spektakulärer Hochzeit anwesend, stand Pate bei der Taufe des ersten Sohnes, er porträtierte den Reformator und illustrierte das Neue Testament und den Großen Katechismus.

Lucas Cranach d. Ä. Über die frühen Jahre des 1472 im fränkischen Kronach geborenen Lucas ist wenig überliefert. Aufsehen erregten seine 1502 bis 1504 in Wien entstandenen Gemälde. 1505 wurde er von Friedrich dem Weisen „zu dienst inngenommen". Cranachs neuer Landesvater galt als kunstinteressiert; seine Kulturpolitik zeugte von einem sicheren Gefühl für Qualität und Leistungsvermögen der für Einzelaufträge verpflichteten Künstler.

Neben Arbeiten zur Ausgestaltung von Schloss und Schlosskirche waren dekorative Aufgaben, Restaurierungsaufträge, Ausbesserungsarbeiten oder gar diplomatische Missionen zu erwarten. Darüber hinaus bot der Hof Friedrichs Gelegenheiten, sich mit auswärtigen prominenten Künstlern auszutauschen.

Als besoldeter ***Hofmaler Friedrichs*** erhielt Cranach einhundert Gulden Jahreseinkommen, was dem Gehalt eines Universitätsprofessors entsprach. Außerdem sollte der Meister für jedes Werk einzeln entlohnt werden und Aufwendungen zusätzlich erstattet bekommen. Somit war die Existenz Cranachs gesichert und konkurrenzlos.

Um das riesige Aufgabengebiet bewältigen zu können, musste er einen Werkstattbetrieb einrichten. Dessen hohe Effizienz erforderte eine Beschränkung des Meisters auf die Rolle eines Art Directors: Cranach lieferte die meisten künstlerischen Ideen und Entwürfe und überließ die Ausführung seiner Werkstatt. Er war jedoch wohl darauf bedacht, jede individuelle künstlerische For-

1508 verlieh Friedrich der Weise seinem Hofmaler als Zeichen persönlicher Wertschätzung ein ***Wappen***, „darinnen eine schwarze Schlange, hebend in der Mitte zwei schwarze Fledermausflügel, auf dem Haupt eine rote Krone und in dem Mund ein gülden Ringlein, darinnen ein Rubinsteinlein, und auf dem Schild einen Helm".

mensprache zu unterbinden, um das Gesamtkonzept nicht zu gefährden. Diese Verfahrensweise macht es heute schwer, zwischen den Werken des Meisters selbst und denen seiner Schule zu unterscheiden.

Neben der Anfertigung von Gemälden, Kupferstichen, Holzschnitten und Medaillen befasste sich die ***Cranach-Werkstatt*** mit Zimmerausmalungen und Kirchenausstattungen. Sie gestaltete die Schlösser in Wittenberg, Torgau und Coburg aus und kreierte auch die Mode, die bei Hofe getragen wurde. Cranachs Schüler rivalisierten schließlich an Standes- und Selbstbewusstsein mit den Studenten der Universität.

Die Reformation hat Cranach wohl weniger künstlerisch beeinflusst. Vielmehr lieferte sie ihm ein schier unerschöpfliches Aufgabengebiet. Sein ***persönlicher Stil*** wandelte sich im Laufe der Jahre. Während sein frühes Schaffen noch leidenschaftlich individuell geprägt war, wurde es später eher ruhig und ausgeglichen.

Siebenundsiebzigjährig folgte er dem Kurfürsten Johann Friedrich in die Gefangenschaft und anschließend in dessen neue Residenz Weimar. Dort starb am 16. Oktober 1553 der bis zuletzt unermüdlich tätige Hofmaler und wurde auf dem St.-Jakob-Kirchhof beigesetzt.

Von Cranach d. Ä., der über vierzig Jahre in Wittenberg lebte, hat sich dort lediglich ein großformatiges Werk erhalten: die „Zehn-Gebote-Tafel" im Lutherhaus. Das Abendmahlsbild in der Stadtkirche St. Marien wird nach jüngsten wissenschaftlichen Forschungen inzwischen überwiegend Cranach d. J. zugeschrieben.

> Dreißig Jahre – von 1519 bis 1549 – wirkte Lucas Cranach d. Ä. als Ratsherr und wurde dreimal (1519, 1540 und 1543) zum Bürgermeister gewählt. Der äußerst vielseitig veranlagte Mann agierte als Drucker und Verleger, wurde durch das Verleihen von Geld zum Privatbankier und war 1528 mit rund 4 000 Gulden Grundbesitz zweitreichster Bürger der Stadt.

Markt 4

i – Seite 80

Die direkt gegenüber dem Rathaus gelegenen Grundstücke Markt 3 und 4 erwarb Cranach nach heutigen Erkenntnissen 1512, dem Jahr, in dem er wahrscheinlich geheiratet hatte und mit seiner Familie an den Markt zog. Dort baute er die erfolgreichste Malwerkstatt seiner Zeit auf. Um 1517/18 verkaufte er die Anwesen, vermutlich weil sie für die wachsende Werkstatt zu klein geworden waren. 1522 erwarb er die Immobilie Markt 4 zurück und richtete darin die mit seinem Geschäftspartner Christian Döring gegründete Druckerei ein. Unter anderem verlegte und illustrierte er das Neue Testament Martin Luthers in deutscher Sprache.

Das Gebäude gilt als das Geburtshaus ***Lucas Cranachs d. J.***, der es im Schatten seines berühmten Vaters dennoch zu künstlerischer Eigenständigkeit brachte. Besonders in der Porträtmalerei zeichnet sich sein Stil durch starke, individuelle Züge

Cranachhaus Markt 4

aus. Mustergültig ist sein Gemälde „Weinberg des Herrn" (Stadtkirche, Seite 49). Nach dem Weggang des Vaters leitete er den Werkstattbetrieb erfolgreich allein weiter. Wie sein Vater beteiligte er sich auch an städtischen Projekten wie dem „Alten Jungfernröhrwasser", wurde siebenmal zum Ratsherren gewählt, wirkte viermal als Stadtkämmerer und 1565/66 als Bürgermeister.

1533 bis 1535 erfuhr das Gebäude Markt 4 eine durchgreifende Erneuerung. Der gewölbte Längsflur im Erdgeschoss und die Fenstergewände stammen noch aus der Cranachzeit. Ab 1541 besaß das Haus der Schwiegersohn Lucas Cranachs d. Ä., Caspar Pfreundt (1517-1574), der darin eine Apotheke betrieb und dem die

Cranach-Bronzeplastik auf dem Hof Schlossstraße 1

Hofanlage zuzuschreiben ist. Der Rokokostil prägte die Neugestaltungen um das Jahr 1771: Das dritte Obergeschoss wurde aufgestockt und das untere Dachgeschoss ausgebaut. Weitere Veränderungen im 19. und 20. Jahrhundert haben dazu geführt, dass über die Raumaufteilung zur Cranachzeit fast nur noch spekuliert werden kann. Während der umfangreichen Restaurierung des Ensembles ab 1995 wurden wertvolle Renaissancemalereien an Decken und Wänden entdeckt.

Die Cranach-Stiftung präsentiert in den Räumen des 2007 zum Kulturdenkmal von nationaler Bedeutung erklärten Gebäudes die ***Dauerausstellung „Cranachs Welt"***. Die Exposition vermittelt einen Überblick über das malerische Werk der Cranachs und erlaubt Einblicke in den Entstehungsprozess der aufwendig gearbeiteten Tafelgemälde. Eine original nachgebaute Druckerpresse sowie weitere Utensilien erinnern an die Jahre, in denen in dem Haus gedruckt wurde.

i Seite 80

Der Besucher wird mit Zeitgenossen Cranachs vertraut gemacht, erblickt in der „Schatzkammer" originale Werke des Meisters wie das Olmützer Messbuch mit Cranach'schen Holzschnitten von 1503 (ein seltenes grafisches Frühwerk) und kann die freigelegten Cranach-Wandmalereien bestaunen. Weitere Exponate informieren über Cranach als Immobilienbesitzer, als Betreiber einer Apotheke und eines Weinausschanks. Der Hof dieses Hauses ist ein lebendiger Ort für Handwerk, Handel und Kommunikation geworden.

Ehemalige Malwerkstatt im Cranachhof

Schlossstraße 1

Um 1518 erwarb Lucas Cranach d. Ä. das größte bebaute Grundstück der Stadt, die Schlossstraße 1. Hier richtete er eine Apotheke ein. Das Privileg dafür erhielt er 1520 und sicherte sich so die Monopolstellung des Handels mit Gewürzen, Konfekt, Zucker, Wachs und anderem. Es war eine Quelle für Cranachs sich mehrenden Reichtum und Anlass für Neid und Missgunst seitens seiner Zeitgenossen. Zwar existieren schon für das Jahr 1512 Hinweise auf Weinhandel, doch mit dem Apothekenprivileg wurde der Verkauf von Süßweinen ausdrücklich erlaubt.

1540 ließ Cranach d. Ä. Haus und Anwesen nach seinen Vorstellungen umbauen. Das Vorderhaus diente als Wohnung, der sich dahinter erstreckende östliche Seitenflügel zunächst wohl als Werkstattgebäude. Wenige Jahre später entstand der Südflügel für die Malwerkstatt. Dieser Querbau besaß ein großes Tor, durch das die in der Cranach-Werkstatt gefertigten Altartafeln unzerlegt abtransportiert werden konnten. Nach dem Weggang seines Vaters führte Lucas Cranach d. J. (1515-1586) die Malwerkstatt fort und übernahm umfangreiche Aufträge für die Fürstenhöfe in Weimar, Dresden, Dessau und Berlin.

Der Lauf der Zeit hat ein eher diffuses bauhistorisches Bild hinterlassen: Mittelalterlichen Ursprungs sind vor allem Teile des Vorderhauses längs der Schlossstraße, der Kern des ersten Anbaus zur Elbstraße und der Rest eines Turms des ehemaligen Elbtores. Nachdem das Anwesen in den Besitz Cranachs d. J. gekommen war, fanden im späten 16. Jahrhundert einige Umbauten statt. Zwei in dieser Zeit errichtete Zwerchhäuser auf der Traufenseite wurden aber bei der Belagerung von 1760 zerstört. 1773 erfolgten Erneuerungsarbeiten.

1799 zog die „Churf. Sächs. Privil. Apotheke zum Adler" ein, auf die das Adlerrelief an der Nordostecke verweist. Zuvor war die Einrichtung im Gebäude Markt 4 untergebracht. Ein drittes Obergeschoss erhielt das Vorderhaus erst 1830. Nach schweren Brandschäden 1871 gab es weitere bauliche Veränderungen. Dabei wurde das Durchfahrtsportal an das Westende des Hauses verlegt.

Schmale Fachwerkbauten bilden die Westseite des langgestreckten Hofes. Wahrscheinlich erst um das Jahr 1800 entstanden, dienten sie als Remise und auch als Wohnraum. In der Hofmitte befindet sich ein Röhrwasserbrunnen.

Auf dem Hof haben inzwischen u. a. eine ***historische Druckerstube***, in der man hautnah die Schwarze Kunst des 16. Jahrhunderts erleben kann, und die ***Cranach-Malschule*** eine Heimstatt gefunden.

i Seite 80

Ende 2005 wurde eine lebensgroße ***Cranach-Bronzeplastik*** des niedersächsischen Bildhauers Frijo Müller-Beleck vor der Malerwerkstatt enthüllt. Es handelt sich um die erste Ganzdarstellung des bedeutenden Meisters überhaupt, der damit nun auch, wie schon seine prominenten Wegbegleiter, in dieser Form im Stadtbild Wittenbergs präsent ist.

Im aufwendig restaurierten und umgebauten Vorderhaus ermöglicht seit 2009 die ***„Cranach-Herberge"*** kreative Aufenthalte.

i Seite 80

Historische Druckerstube

Die Schlossstraße

Schwere Beschießungen der Stadt in den Jahren 1760 und 1813 haben gerade in den westlich gelegenen Straßenzügen die mittelalterliche Bausubstanz fast restlos zerstört. Doch an den Hausfassaden erinnern immer wieder Tafeln an Persönlichkeiten aus Wittenbergs Geschichte.

In der ***Schlossstraße 4***, betrieb ***Christian Döring*** eine Goldschmiede. Neben seinen Tätigkeiten als Fuhrunternehmer und Händler versuchte er sich auch im Druckgewerbe. Zusammen mit Lucas Cranach d. Ä. gab er die ersten beiden Auflagen des Neuen Testaments Luthers heraus. Als sich die Konjunktur änderte, zog sich Cranach aus dem Geschäft zurück. Dörings Beharren hingegen brachte den Bankrott.

Selbst Luther, mit dem der Goldschmied befreundet war, bemerkte, dass diesem Meister „nit zu helffen" sei. Döring verstarb noch im gleichen Jahr (1533). Später kam das Gebäude an ***Johann Schneidewin*** (1519-1568), der durch Vermittlung Luthers eine Tochter Dörings heiratete und die Goldschmiede weiterführte. Der hochbegabte Schneidewin wurde später Professor für Recht an der „Leucorea" und einer der berühmtesten Juristen der Reformationszeit.

Dem Herbergsbetrieb ist der (nicht belegte) Aufenthalt Thomas Müntzers in diesem Haus zuzuschreiben. Gesichert ist nur, dass sich Döring um eine Kaplanstelle für Müntzer im nahen Kemberg bemüht hatte. Bekanntlich gingen die Auffassungen Luthers und Müntzers über den Fortgang der Reformation weit auseinander. Die radikalen Aussagen des Bauernführers ließen Luther misstrauisch werden. Er meinte, „man soll die Geister aufeinander platzen lassen, die Fäuste jedoch stille halten".

Werner von Siemens, Begründer der deutschen Elektrotechnik, wohnte 1839/40 im Gebäude ***Schlossstraße 26***. Sechs Jahre zuvor hatte ***Wilhelm Eduard Weber*** zusammen mit dem Mathematiker und Astronomen Carl Friedrich Gauß die erste telegrafische Verbindung geschaltet. Weber, 1804 in der ***Schlossstraße 10*** geboren, brachte es mit 24 Jahren zum Professor in Halle, wechselte aber bald nach Göttingen. Der bedeutende Physiker bemühte sich insbesondere um ein elektrisches Maßsystem, das in seinen Grundzügen auf einem internationalen Kongress in Paris 1881 angenommen wurde. Die gesetzliche Einheit des magnetischen Flusses trägt seinen

Das ***Wilhelm-Weber-Haus*** ist heute ein Ort der Wissenschaft. Nach einem Brand 1816 entstand die klassizistische Fassade neu, jedoch das große Rundbogenportal stammt noch aus der Erbauungszeit des prächtigen Renaissancebaus des 16. Jahrhunderts.

Politprominenz von allerhöchstem Rang übernachtete im Gebäude ***Schlossplatz 3*** (Hotel „Alte Canzley"). Sowohl Carl XII. von Schweden als auch Peter der Große besuchten in Wittenberg die historische Lutherstube im Lutherhaus. Nicht nur der idyllische Biergarten im Hof lockt hinter das Gebäude, sondern auch die hier erhaltene Renaissancefassade mit profilierten Fenstergewänden und einem Wendelstein.

TIPP

Namen. Mit Rudolf Kohlrausch bestimmte Weber die Lichtgeschwindigkeit aus elektrischen Messungen.

Mehrere Tafeln finden sich am Niederen Schloss, dem früheren Verwaltungssitz des kurfürstlichen Hofes (heute ***Schlossstraße 15***). Der Aufenthalt ***Florian Geyers*** (1490-1525), des späteren Führers der aufständischen Bauern in Franken, ist nicht gesichert. Nach einer Überlieferung soll Geyer 1523 als Marschall des Hochmeisters Albrecht von Brandenburg an dessen Unterredung mit Luther teilgenommen haben.

Der im Niederen Schloss 1533 inhaftierte Pfarrer und Magister ***Michael Stifel*** (1487-1567) hatte aus Zahlenkombinationen das Datum und die Stunde des seiner Meinung nach bevorstehenden Weltunterganges vorausgesagt. Luther versuchte vergeblich, ihm diese Weissagung auszureden. Nachdem der Mathematiker sehen musste, dass seine Prophezeiung nicht eintrat, rettete ihn der Kerker vor der aufgebrachten Menge. Luther konnte die baldige Freilassung bewirken. Nach einer ruhigen Zeit als Landpfarrer wurde Stifel Professor in Jena. Er gilt als der Vater des Logarithmensystems.

Der in Wittenberg tätige kurfürstliche Hofrichter ***Friedrich von Schönberg*** (1543-1614) machte sich als Verfasser der Schildbürgerstreiche einen Namen. Als Druckort wurde „Misnopotamia" genannt; vermutlich war damit Meißen gemeint.

Auf der Flucht vor dem Preußenkönig versuchte der angebliche Goldmacher ***Johann Friedrich Böttger*** (1682-1719) in Wittenberg als Student unterzutauchen. Doch auch in Sachsen zeigte man großes Interesse an den vermeintlichen Künsten des jungen Mannes. Nach kurzer Schutzhaft im Jahre 1701 wurde Böttger nach Dresden überführt und später auf der Festung Königstein inhaftiert.

Das Schloss

Während der neugotische Turmhelm der Schlosskirche mit weithin lesbarem Lutherzitat das Stadtbild Wittenbergs festlich prägt, besitzt das Schloss als ehemalige preußische Zitadelle eher ein schlichtes Erscheinungsbild. Von Juli 2010 bis Juli 2011 war das Gelände Betätigungsfeld für Archäologen. Sie legten große Teile des historischen Südflügels frei, darunter die alte Küche und einen hervorragend erhaltenen Gewölbekeller (1515). Zum 500-jährigen Reformationsjubiläum wurde das Schloss umfassend saniert.

Vom alten Schloss der Askanier, das aus einem 1180 erwähnten Burgward entstanden ist, weiß man heute sehr wenig, weil davon weder Beschreibungen noch Abbildungen existieren. Viel bessere Kenntnisse gibt es über Baugeschichte und Ausführung des Schlossneubaus, den Kurfürst Friedrich der Weise veranlasste. Wahrscheinlich Konrad Pflüger, der sich mit dem Bau der Meißener Albrechtsburg bereits bekannt gemacht hatte, lieferte die Pläne für das Wittenberger Schloss, das eines der bemerkenswertesten Bauwerke der Frührenaissance im mitteldeutschen Raum werden sollte. Das Neue am ***Schloss Friedrichs des Weisen***

Archäologische Grabungen 2010/11 auf dem Schlossareal

Schloss-Silhouette von der Elbe aus

war nicht die Regelmäßigkeit der Anlage, sondern die Wohnlichkeit. Die Befestigungswerke wurden in die Außenanlagen eingebunden. Den Innenhof gestalteten zwei Treppenhäuser wirkungsvoll.

Von dem 1489 begonnenen Bau war 1495 der Elbflügel fertiggestellt. Ihm folgten zwei Jahre später der Westflügel und der südwestliche Turm. Mit der Ausgestaltung der Räumlichkeiten betraute Friedrich der Weise die berühmtesten Künstler seiner Zeit. Vor allem die „geschnitzte Stube" und die Bibliothek des weltoffenen Mannes waren sehr repräsentativ gehalten.

Zum ältesten Charakteristikum des Schlosses wurde der von Lucas Cranach d. Ä. 1508 im Bilde festgehaltene Schlosskirchenturm, der aus einem Kranz von Ziergiebeln hoch und schlank aufstieg und in halber Höhe von einem sogenannten Gumpenkranz umgeben war. Dieser verschwand bereits 1546, als man den Turm im Schmalkaldischen Krieg zur Geschützplattform umfunktionierte. Im letzten Bauabschnitt des dreiflügligen, giebelgeschmückten Hauptschlosses entstand 1515 bis 1585 ein sich östlich anschließendes niedriges Vorschloss, das aber nicht mehr vorhanden ist. Es war etwas spitzwinklig zum Westflügel an die askanische Ringmauer angelehnt.

Bereits nach dem Tod Friedrichs des Weisen verlor das Schloss an Bedeutung, da sein Bruder Johann als Wohnsitz Torgau vorzog. Nach dem Schmalkaldischen Krieg zierten Spitzkuppeln die Türme von Schloss und Schlosskirche. Ihr Aussehen zeigt der große Holzschnitt von 1611, der im Lutherhaus zu sehen ist.

Bei der Beschießung im Siebenjährigen Krieg 1760 brannte der Schlosskirchenturm nieder. Opfer von Flammen wurden auch Dach und Obergeschoss des Schlosses sowie das Kircheninnere. Der später ergänzte Barockturm hielt dann nur bis zur Belagerung von 1813. Der Umbau zur ***preußischen Zitadelle*** ab 1819, der noch vorhandene Fragmente aus der Entstehungszeit rigoros beseitigte, besiegelte das Schicksal des Wittenberger Schlosses. Seit 1918 dient die ehemalige Kaserne verschiedenen zivilen Zwecken. Erhalten sind die beiden Treppenhäuser in den Hofecken.

Ab 2015 liefen die Arbeiten zum Bau des neuen Südflügels auf Hochtouren, denn die Vikare des Evangelischen Predigerseminars warteten darauf, die Zimmer beziehen zu können. Auch das Schloss wurde weiter denkmalgerecht saniert und ausgebaut. Durch das Besucherzentrum im Erdgeschoss des Westflügels betritt man nun die Schlosskirche.

Schlosskirche

Von dem einstigen Kirchenbau, der in Verbindung mit Luthers mutigem Angriff auf die Ablasspraxis gebracht wird, ist sehr wenig erhalten geblieben. Kirche und Thesentür stammen in ihrer heutigen Gestalt und Ausstattung aus dem 19. Jahrhundert.

Stiftskapelle. Bereits die Askanier begannen, möglicherweise 1338, eine Kapelle innerhalb der Burgmauern zu errichten. Erzbischof Otto von Magdeburg erteilte die Genehmigung für die Verlegung der in Pratau bestehenden Einrichtung.

Die neue Kapelle – nicht größer als die Fronleichnamskapelle auf dem Kirchplatz – unterstand direkt dem römischen Stuhl; den askanischen Herzögen räumte man das Präsentationsrecht für die Kaplan- und Propststellen ein. Der regierende Herzog Rudolf I. kümmerte sich um die Ausstattung der Stiftskapelle Allerheiligen und regelte deren Gottesdienstordnung. Der frühe Bau der Askanier wurde 1496/97 abgetragen, was aber keineswegs die Existenz des Stifts berührte. 1725 will man Fundamente der Kapelle in der Mitte der späteren Schlosskirche entdeckt haben.

Stiftskirche Friedrichs. Für seine Residenzstadt Wittenberg wünschte Kurfürst Friedrich der Weise einen neuen, schönen und vor allem repräsentativen Kirchenbau. Konrad Pflüger, einer der meistbeschäftigten Baumeister der Spätgotik, der sich bereits an den Gewölben der Peter-Paul-Kirche in Görlitz und der Thomaskirche in Leipzig hervorgetan hatte, folgte dem Ruf nach Wittenberg und wirkte federführend bei der Errichtung der neuen Kirche.

Von 1498 bis 1502 wurden die Außenmauern mit Strebepfeilern gemauert und das Dach aufgebracht. Die sich anschließende Einwölbung dauerte bis 1507, kleinere Arbeiten folgten. Der Kirchenbau kostete beträchtliche 32 466 Gulden. Das Abbild der Stiftskirche Friedrichs zeigt der Cranach-Holzschnitt aus dem Jahre 1509, der dem Wittenberger Heiltumsbuch entstammt.

Die ***Ausstattung*** von Allerheiligen war überaus prachtvoll. Unter den Werken deutscher, niederländischer und italienischer Meister ragte der wahrscheinlich um 1515/20 entstandene Hauptaltar heraus, ein Werk Lucas Cranachs d. Ä. mit der Darstellung der hl. Dreifaltigkeit in der Mitte. Weiterhin soll es 19 Nebenaltäre gegeben haben, darunter zwei von Albrecht Dürer und Mitarbeitern seiner Werkstatt geschaffene Marienaltäre. Einzelne Gemälde und Tafeln daraus wurden 1687 in Dresden registriert. Kopien sollen im Austausch nach Wittenberg gekommen sein, sie verschwanden später im Dunkel der Zeitläufte. Noch heute gibt es viele Zweifel bei der Zuordnung anderswo aufgetauchten Inventars zur ursprünglichen Ausstattung der Schlosskirche Allerheiligen.

Als Stift Allerheiligen war die Schlosskirche Aufbewahrungsort für die umfangreiche ***Reliquiensammlung*** Friedrichs des Weisen. Im Wittenberger Heiltumsbuch waren 5 005 Partikel verzeichnet, darunter Knochenteile und Zähne von Heiligen, ein aus der Kinderschlachtung des Herodes stammender Körper, sogar Milch von der Jungfrau Maria, Straußeneier und eine Vielzahl kunstvoll ausgeführter Gefäße. Luthers Einfluss ist es zuzuschreiben, dass diese Gegenstände immer seltener ausgestellt und ab 1523 nicht mehr öffentlich gezeigt wurden.

Ab 1507 diente die Stifts- und Schlosskirche auch feierlichen Amtshandlungen der neu gegründeten „Leucorea". In dieser Art Universitätsaula fanden desöfteren Disputationen statt: Vor dem Altarraum war ein großes Katheder mit Platz für mehrere Personen aufgestellt. Den Doktoren der einzelnen Fakultäten war ein zweites Katheder vorbehalten. Martin Luther promovierte in diesem Festsaal am 19. Oktober 1512 zum Doktor der Theologie. Auch Philipp Melanchthon hielt sechs Jahre darauf hier seine vielbeachtete Antrittsvorlesung.

In der Zeit des Bildersturms blieb die Kirchenausstattung unberührt – vermutlich aus Rücksicht auf den Kurfürsten. 1525 kamen einige Figuren und Tafeln abhanden. Ein Vierteljahrhundert später berichtete ein Zeitzeuge, dass das Heiltum, Teppiche, Vorhänge und Lichter entfernt, das Fastentuch nicht mehr gehängt und das Heilige Grab nicht wieder aufgestellt worden seien. Die Reliquiare fanden wohl in der kurfürstlichen Münze eine neue Identität, besonders als man zum Schmalkaldischen Krieg rüstete. 1720 wurden noch 107 Ausstattungsstücke gezählt, die größten zeigt die sehr detaillierte Zeichnung von Michael Adolf Siebenhaar (um 1730), die sich im Bestand des Lutherhauses befindet. 1760, während des Siebenjährigen Krieges, brannte die Kirche aus.

Nach dem Bombardement am 13. Oktober 1760 konnten in den rauchenden Trümmern der Kirche nur noch fünfzehn Ausstattungsstücke geborgen werden. Riemenschneiders großes Kruzifix und die historische Thesentür waren verbrannt.

Wiederaufbau bis 1817. Jahrelang blieb von der legendären Schlosskirche nur deren Ruine stehen. Ein halbherziger Wiederaufbau vollzog sich ab 1767. Unter dem sächsischen Landbaumeister Christian Friedrich Exner wurde der Saal weiß gekalkt und mit einem Tonnengewölbe überzogen. Ein derber Kanzelaltar im Zopfstil war die einzige Ausschmückung. Der Kirchturm erhielt einen barocken Aufbau und eine Haube. Die verbrannte Thesentür wurde ersetzt. 1770 wurde die Kirche neu „Gott allein geweiht".

Während der Beschießung in der Nacht zum 28. September 1813 fielen Kirche und vor allem Kirchturm erneut in Schutt und Asche. Doch seitens der preußischen Regierung gab es bald Bemühungen, das Bauwerk in würdiger Form als Gedenkstätte der Reformationszeit wiederherzustellen. Die erneute Weihe fand anlässlich der 300-Jahr-Feier der Reformation im Beisein des Preußenkönigs Friedrich Wilhelm III. statt. Der zerstörte Kirchturm blieb als Stumpf stehen. Den Kirchenbau nutzte das Evangelische Predigerseminar, das der König am 1. November 1817 eröffnet hatte.

Karl Friedrich Schinkel unterbreitete 1815 seine Vorstellungen zum Wiederaufbau der Kirche. Aber nur die nötigsten Arbeiten wurden genehmigt. Mit dem ***gusseisernen Taufbecken*** von 1832 gelangte dann doch ein Werk Schinkels in die Kirche. Neugotisch ausgeführt, knüpft es an Traditionelles an und offenbart zugleich schöpferischen Wuchs. Am 10. November 1858, dem 375. Geburtstag Luthers, wurde die neue Thesentür enthüllt.

Neuausbau bis 1892. Der immer noch unwürdige Zustand der Wittenberger Schlosskirche fiel dem Kronprinzen Friedrich Wilhelm, dem späteren Kaiser Friedrich III., bei seinem Besuch 1883 auf.

Schon drei Jahre zuvor hatte Regierungsbaumeister ***Friedrich Adler*** den Auftrag, Pläne für den Neuausbau der Schlosskirche zu liefern. Nun wurde das Vorhaben forciert. Die Entwürfe waren vom gründerzeitlichen Drang nach Selbstdarstellung und Präsentation geprägt und beherzigten wenig die einstigen Vorstellungen Schinkels einer einfühlsamen Annäherung an die Reformationszeit.

Am 1. Oktober 1885 begann der Umbau. Die Bergung der Orgel und der Abbruch der 1770 eingezogenen Holzdecke sowie der auf viereckigen Pfeilern ruhenden Holzemporen standen als erstes auf dem Plan. Der verbliebene Stumpf des ***Turmes*** war gerade noch 33 Meter hoch. Nach Abnahme des alten Gesimses wurde er zunächst schlicht aufgemauert und erhielt dann in etwa 50 Meter Höhe monumentalen Schmuck. 720 000 Mosaiksteinchen von einem Zentimeter Kantenlänge fügen sich zu Buchstaben von 1,75 Meter Höhe zusammen. Diese verkünden den ersten Vers des Lutherliedes: „Ein' feste Burg ist unser Gott, ein' gute Wehr und Waffen". Über dem Mosaikfries führt eine in der warmen Jahreszeit begehbare Sandsteingalerie um den Glockenturm herum. Über der Galerie wölbt sich eine kupferbedeckte Kuppel mit kleinen Erkern. Sie trägt einen Laternenaufsatz, geschmückt mit kleinen Ziergiebeln und einer hohen, ebenfalls kupfernen Spitze. Ein vergoldetes Kreuz bildet den oberen Abschluss des insgesamt 88 Meter hohen Schlosskirchenturmes.

Turm der Schlosskirche

Während die alten Umfassungsmauern der Kirche außen weitgehend unberührt blieben, waren die Änderungen im Inneren einschneidend. Die Verlegung der Strebepfeiler nach innen erzielte eine hallenähnliche Wirkung. Auf den Pfeilern sitzt ein Netzgewölbe, das in seiner Gestaltung feingliedriger als das ursprüngliche ist. Die äußerst präzise ausgeführten Steinmetzarbeiten vermitteln eine eher kühle und distanzierte Atmosphäre.

Der 31. Oktober 1892, der 375. Jahrestag des Beginns der Reformation, war zum Tag der feierlichen Einweihung gewählt worden. Generalsuperintendent Schultze segnete in Anwesenheit Kaiser Wilhelms II. den Baumeister und „alle, die als Gemeinde an dieses Haus gewiesen sind, sonderlich die künftigen Prediger".

Sanierung bis 2017. Mit den jüngsten Sanierungsarbeiten erscheint die Ausgestaltung des Kircheninneren in der Fassung Friedrich Adlers. Einiges wurde in der fünfjährigen Bauzeit extra so verändert, dass es Adlers Plänen entspricht, u. a. die wiederhergestellten Gewölbe- und Wandfassungen sowie die Vorhangmalerei und der sanierte Dachreiter mit reparierter Uhr. Den Hauptturm kann man wieder uneingeschränkt besteigen und selbst der Vorplatz zeigt sich mit Sandsteinplatten und historischem Pflaster in der ursprünglich geplanten Fassung.

Besichtigung. Von der Hofseite des Schlosses her erreicht man das neue Besucherzentrum im Westflügel. Von hier aus betritt man nun die Schlosskirche und damit zugleich einen Ort, der das von Wittenberg ausgehende Reformationswerk in besonderer Weise würdigt. Auf Kandelabersäulen, direkt vor den Emporenpfeilern im ***Langhaus***, befinden sich die ***Standbilder*** bedeutender Männer der Reformationszeit: links Nicolaus von Amsdorf, Urbanus Rhegius, Georg Spalatin, Johannes Bugenhagen und Philipp Melanchthon, rechts Caspar Cruciger, Johann Brenz, Justus Jonas sowie Martin Luther. In den Arkadenzwickeln darüber erinnern 22 ***Medaillons*** an große Reformer, wie

i Seite 80

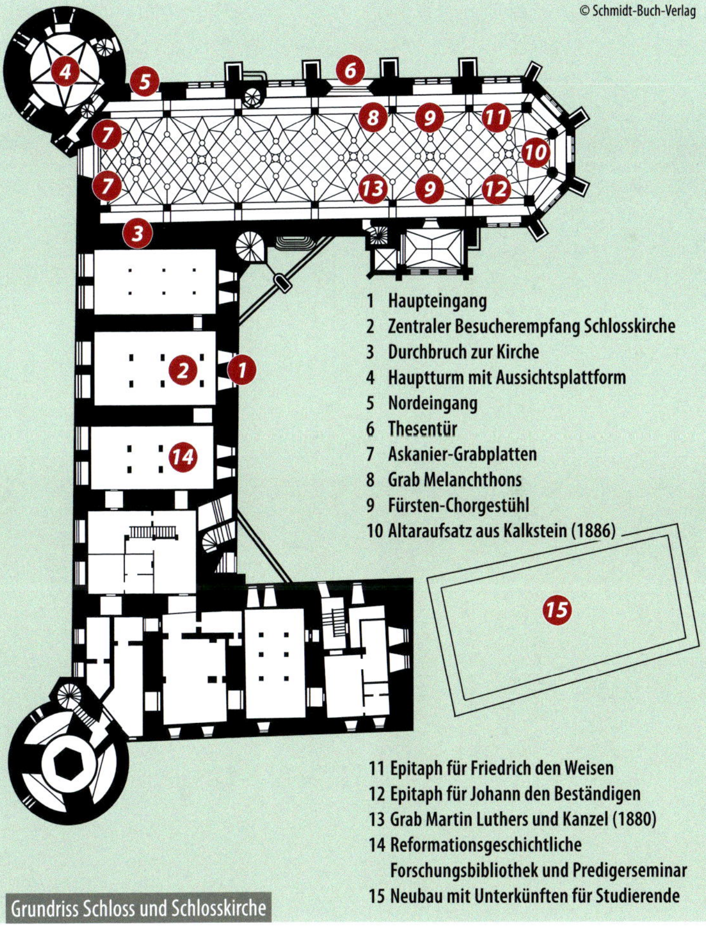

Grundriss Schloss und Schlosskirche

Schlosskirche nach Osten

Jan Hus, an Künstler wie Lucas Cranach d. Ä., Albrecht Dürer und Hans Sachs sowie an Gelehrte wie Calvin und Zwingli als Vertreter der Schweizer Reformation. Die Empore enthält die ***Wappen*** von insgesamt 52 Fürstenhäusern und Adelsfamilien, die im Sinne der Reformation gewirkt haben. Die farbigen Malereien der Fenster nehmen 128 Wappen der reformatorisch gesinnten Städte (ursprünglich 198) auf.

Unter der ***Westempore*** erhielten die aus dem Franziskanerkloster überführten Gebeine der Askanier eine letzte Ruhestätte. Zwei ***Grabplatten*** und ein kleines Relief stammen noch aus dem 14. Jahrhundert. Besonders wertvoll ist die Ansicht ***Rudolfs II. (gest. 1370)*** mit seiner zweiten Gemahlin Elisabeth (gest. 1373) an der Westseite der Kirche. Die Gebeine waren hier ebenso vermutet worden, bis sie im Februar 2009 Archäologen bei Grabungen am ehemaligen Franziskanerkloster in der nördlichen Altstadt fanden; gemeinsam mit Schwert und Siegel des Herrschers.

Die in die Empore geschmackvoll eingepasste ***Ladegast-Orgel*** stammt aus dem Jahre 1863 und wurde 1992 bis 1994 nach vorangegangenen Veränderungen restauriert. Eine Aufwärmung der ansonsten sachlichen Atmosphäre des Kirchenraumes wurde durch das kunstvoll geschaffene ***Fürstengestühl*** des ***Chores*** erreicht. Es ist, ebenso wie die Kanzel und der für Wilhelm II. gefertigte Kaiserstuhl, ein Werk des Wittenberger Bildhauers Wilhelm Lober.

Unmittelbar neben der Predigtkanzel befindet sich, unter einem Sockel mit schlichter Bronzetafel, das ***Grab Martin Luthers***. Der am 18. Februar 1546 in Eisleben verstorbene Reformator wurde vier Tage später in der Schlosskirche zu Wittenberg beigesetzt. Die in die Südwand hinter der Grabstätte eingelassene Gedenkplatte gelangte auf Umwegen dorthin: Kurfürst Moritz nahm das Werk nicht an, weshalb es in der Michaeliskirche zu Jena einen Platz fand. Erst ein Abguss kam 1892 in die neu gestaltete Schlosskirche.

Melanchthons Grab (in der Nähe der Thesentür) entspricht gestalterisch dem Luthers. Rechts neben der Bildplatte Luthers wird des 1521 verstorbenen, letzten katholischen ***Stiftspropstes Henning Göden*** gedacht. Er war ein vehementer Verfechter des alten Glaubens. Das Bronzeepitaph mit dem Motiv einer Marienkrönung stammt von Hans Vischer aus Nürnberg. Dieser fertigte auch das ***Epitaph für Johann den Beständigen***, das sich rechts vom Altar befindet.

Der Bruder Peter Vischer d. J. schuf das küntlerisch gelungenere Pendant auf der linken Seite – das prächtige ***Grabmal Friedrichs des Weisen***. Es gilt als ein Meisterstück der deutschen Frührenaissance. Die stehende Figur wird von zwei kannelierten Säulen gerahmt, die einen Rundbogen tragen. Ein weiter Kurmantel mit Hermelinkragen umhüllt Friedrich, das Haupt bedeckt der Kurhut, beide Hände halten ergriffen das Kurschwert. Die Gesichtszüge sind ungewöhnlich fein herausgearbeitet und zeigen die ernste Entschlossenheit des Kurfürsten. Beide Epitaphe hatten den Kirchenbrand von 1760 überstanden.

Hinter den Epitaphen zeigen ***Alabasterstatuen*** Friedrich den Weisen und Johann den Beständigen lebensgroß in kniender Haltung. Sie stammen von einem unbekannten Meister, verraten aber den Einfluss der Cranach-Schule. Beide Figuren tragen mittelalterliche Rittertracht; die ursprüngliche Farbgebung beabsichtigte allerdings ein lebendigeres Erscheinungsbild. Der neugotische Altaraufsatz in Form eines Sakramentshauses wurde aus französischem Kalkstein gearbeitet und entsprach dem im Kaiserreich vorherrschenden Drang nach repräsentativer Ausschmückung der Wittenberger Schlosskirche.

Thesentür an der Nordseite der Schlosskirche

Thesentür

„Aus Liebe zur Wahrheit und dem Wunsche, sie an den Tag zu bringen, will der ehrwürdige Pater Dr. Martin Luther, der freien Künste und Theologie Magister und derselben ordentlicher Lehrer zu Wittenberg, die folgenden Sätze daselbst verteidigen und darüber disputieren …". Der „Angriff" (Oskar Thulin) geschah am Vorabend von „Allerheiligen", einem Hauptfesttag der Kirche. Tausende Reliquien waren zu einer eindrucksvollen Ausstellung bereits aufgebaut worden.

Der Legende nach soll Luther seine Thesen veröffentlicht haben, indem er sie an die „schwarzen Bretter" der Universität schlug, von denen eines an der Schlosskirchentür hing. Hier kündigte man unter anderem Themen an, über die man „disputieren" wollte. Viele Jahre wurde der Thesenanschlag mangels Beweisen in Zweifel gezogen. Seit dem Fund einer Notiz hierzu im Jahre 2006 gilt die Legende jedoch wieder als sehr wahrscheinlich.

Wie auch immer, Grundsätzliches formulierte Luther bereits in These 1: „Indem … Jesus Christus sagte ‚Tut Buße' … , wollte er, dass das ganze Leben der Glaubenden eine Buße sei." Die Gerechtigkeit vor Gott könne nicht durch menschliche Taten verdient werden, schon gar nicht durch die Entrichtung von Geldbeträgen. „… Wer dem Armen gibt oder dem Bedürftigen leiht", handelt „besser, als wenn er Ablässe kauft" (These 43). Für begangene Sünden müsse der Mensch „wahre Reue" empfinden, nur dann könne er auf „vollständige Vergebung von Strafen und Schuld …, auch ohne Ablaßbriefe" hoffen (These 36).

Luther griff mit seinen Thesen nicht nur geltendes Kirchenrecht an, sondern ebenso eine nicht unwesentliche Einnahmequelle der katholischen Kirche. Die Parteinahme seines Fürsten und mit ihm anderer Vertreter des Hochadels war dabei durchaus auch von eigenem politischen Kalkül geprägt.

Von der alten Thesentür war 1760 nur das Portal mit seinen spätgotischen Profilen übrig geblieben. An den Stellen, die mit den Standbildern zweier Heiliger besetzt waren, stehen auf hohen, wappengeschmückten Postamenten die Statuen von Kurfürst Friedrich dem Weisen und Johann dem Beständigen. In den Zwickeln darunter befinden sich Inschriften-Reste zum Thesenanschlag und zur Zerstörung von 1760. Das Bogenfeld über den Türflügeln füllt ein Bild von August von Kloeber (1851) in sogenannter Lavamalerei. Es zeigt das Kruzifix – links kniet Martin Luther, ein Exemplar der deutschen Bibelausgabe in den Händen, rechts Philipp Melanchthon mit der „Augsburger Konfession". Der Hintergrund gibt den Blick auf das Stadtbild Wittenbergs frei.

Ferdinand von Quast lieferte die Zeichnungen und Friedrich Drake die Modelle für den Bau der bronzenen Türflügel mit dem ehemals vergoldeten Text der 95 Thesen Martin Luthers und mit musizierenden Knaben im oberen Abschluss. Die Ausführung erledigte Friedrich Wilhelm Holbein.

Adressen und Öffnungszeiten

Schlosskirche ***www.schlosskirche-wittenberg.de***
Schlossplatz, Tel. (0 34 91) 40 25 85
Öffnungszeiten: Ostern bis Oktober Mo-Sa 10-18 Uhr, So 11.30-18 Uhr, November bis Karfreitag Mo-Sa 10-16 Uhr, So 11.30-16 Uhr

Lutherhaus mit Augusteum (für Sonderausstellungen) ***www.martinluther.de***
Collegienstraße 54, Tel. (0 34 91) 4 20 31 18
Öffnungszeiten: April bis Oktober täglich 10-18 Uhr, November bis März Di-So 10-17 Uhr, Dauerausstellung „Martin Luther. Leben – Werk – Wirkung"
Achtung: Nationale Sonderausstellung „Luther! 95 Schätze – 95 Menschen" bis 5. November 2017 im Augusteum

Melanchthonhaus ***www.martinluther.de***
Collegienstraße 60, Tel. (0 34 91) 4 20 31 10
Öffnungszeiten:
April bis Oktober täglich 10-18 Uhr, November bis März Di-So 10-17 Uhr

Stadtkirche St. Marien ***www.stadtkirchengemeinde-wittenberg.de***
Jüdenstraße 36, Tel. (0 34 91) 40 44 15
Öffnungszeiten: Ostern bis Oktober Mo-Sa 10-18 Uhr, So 11.30-18 Uhr, November bis Karfreitag Mo-Sa 10-16 Uhr, So 11.30-16 Uhr

Christliche Kunst im 20. Jahrhundert ***www.christlichekunst-wb.de***
Ausstellung im **Alten Rathaus**, Markt 26, Tel. (0 34 91) 42 17 20
Öffnungszeiten: Di-So 10-17 Uhr sowie Ostermontag und Ostersonntag

Cranachhaus ***www.cranachstiftung.de***
Markt 4, Tel. (0 34 91) 4 20 19 11 und 4 20 19 12 (Führungen)
Öffnungszeiten: Ostern bis Oktober Mo-Sa 10-17 Uhr, So/Fei 13-17 Uhr, November bis Ostern Di-Sa 10-17 Uhr, So/Fei 13-17 Uhr, ***Führungen*** nach Anmeldung

Historische Druckerstube (Cranachhof)
Schlossstraße 1, Tel. (0 34 91) 43 28 17
Öffnungszeiten:
Mo-Fr 9-12 und 13-17 Uhr, Sa 10-13.30 Uhr und nach Vereinbarung

Cranach-Malschule in der Cranach-Werkstatt ***www.cranach-malschule.de***
Schlossstraße 1, Tel. (0 34 91) 41 09 12
Projekte für Schulklassen und Gruppen, Kursangebote, Workshops

Cranach-Herberge ***www.cranach-herberge.de***
Schlossstraße 1, Tel. (0 34 91) 69 81 95
Ehemaliges Wohnhaus der Cranachs direkt am Markt zum Cranachhof gehörend mit Gästezimmern ohne mediale Ablenkung

Haus der Geschichte ***www.pflug-ev.de***
Schlossstraße 6, Tel. (0 34 91) 40 90 04, Ausflug in den DDR-Alltag mit originalgetreu gestalteten Wohnräumen, Kindergarten, Gaststätte, Tanzbar und Konsum, u. a. Ausstellungen „DDR-Design" und „Luther in der DDR"
Öffnungszeiten: Di bis So und feiertags 10-18 Uhr, Nov. bis Februar nur bis 17 Uhr

Am Schwanenteich

Tipps jenseits der historischen Meile

Floratempel in Wörlitz

Arsenalplatz

Zu einem neuen Anziehungspunkt für Touristen und Einheimische gleichermaßen entwickelte sich in den vergangenen Jahren das Areal rings um den Arsenalplatz. Das Zeughaus lädt zum Bummel durch die Städtischen Sammlungen, das moderne Einkaufszentrum zum Shoppen und Flanieren ein. Auf dem alten Klostergelände gibt es allerlei Informationen.

Das Gebäudeensemble auf dem Gelände des einstigen Franziskanerklosters – von 1273 bis 1422 Grablege der Askanier – wurde bis zum Herbst 2015 sorgfältig saniert und ergänzt. Nachdem der Orden 1525 seine Heimstatt verlassen hatte, diente die Anlage sehr unterschiedlichen Zwecken, war Armenspital und städtisches Kornhaus, ab 1815 Arsenal für Artillerie, später Kaserne, Stadthaus und schließlich Garnison der Sowjetarmee.

Als zentraler Besucherempfang beherbergt es heute u. a. das Stadthaus, die ***Historische Stadtinformation*** (ehemalige Klosterkirche) und das ***Ratsarchiv*** mit Tausenden Urkunden, Stichen, Fotos und anderen Archivalien, viele digitalisiert. Gäste erfahren allerhand über die Askanier-Geschichte – über Albrecht den

i Seite 91

Ratsarchiv

Schon manch ein weitgereister Tourist stieß im Wittenberger ***Ratsarchiv*** auf Neuigkeiten seines Stammbaumes. Die Archivalien können von jedermann eingesehen werden. Wer sich also für mitteldeutsche Geschichte interessiert, wird hier schnell die Zeit vor den Monitoren vergessen...

Bären und alle Herzöge der Linie Sachsen-Wittenberg – sowohl durch populärwissenschaftliche Texte und Abbildungen, als auch mittels künstlerischer Installation.

Den jüngsten Bauarbeiten gingen 2009 archäologische Grabungen voran. Eine großartige Entdeckung waren die Holzsärge mit den ***Gebeinen von Kurfürst Rudolf II.***, seiner Gemahlin und seiner Tochter. Die Askanier hatten das ehemalige Klostergelände zwischen Mauer- und Klosterstraße als ihre Grablege bestimmt. Als später die Klosterkirche entweiht wurde, schrieb Philipp Melanchthon die Inschriften der fürstlichen Grabdenkmäler nieder und sorgte dafür, dass die bedeutendsten Stücke in die Schlosskirche kamen. Der Regierungsrat Georg von Hirschfeld ließ 1883 alle Mitglieder der herzoglichen Familie dorthin umbetten, glaubte man zumindest. Doch in der Schlosskirche unter den Grabplatten Rudolfs II. sowie seiner Frau und Tochter liegen nicht deren sterbliche Überreste. Sie haben nun in der Historischen Stadtinformation – für Besucher nicht sichtbar – eine neue Ruhestätte gefunden.

i Seite 91

Am Arsenalplatz erhebt sich mit dem alten ***Zeughaus*** ein 1855 errichtetes stattliches Gebäude für Artilleriewagen. In ihm ist heute das ***Museum der Städtischen Sammlungen*** untergebracht. Mit überaus vielen Details fasziniert im Erdgeschoss ein etwa 30 Quadratmeter großes Stadtmodell Wittenbergs, das den Betrachter in das Jahr 1873 entführt. Es bildet den Mittelpunkt der Ausstellung „Kronjuwelen". Die Unterschiedlichkeit der 18 ausgewählten Exponate aus der städtischen Sammlung überrascht: Neben einem Richtschwert und einer prachtvollen Bürgermeister-Amtskette erblickt man hier die Walrippe aus der ehemals riesigen Reliquiensammlung Friedrichs des Weisen und eine imposan-

Zeughaus

te Giraffe. Die Figur des Häuptlings „Uli" stammt aus der Südsee und auf dem legendären Amboss schmiedeten Bürgerrechtler 1983 im Lutherhof ein Schwert zu einer Pflugschar.

Bis 2018 wird sich das Museum vergrößern. Dann widmet sich eine Ausstellung auf der mittleren Etage der Stadtgeschichte. Gleichzeitig eröffnet im Obergeschoss eine neue Exposition, die den Berliner Lederhandschuhfabrikanten ***Julius Riemer*** (1880-1958) und seine bemerkenswerte Sammlung mittels zahlreicher Originalstücke vorstellt. Riemer hatte bereits als Neunjähriger das Sammel-Fieber gepackt. In unermüdlicher Arbeit trug er Exponate zusammen, die von 1949 bis 2011 im Wittenberger Schloss zu besichtigen waren. Bis zu seinem Tod leitete er selbst das Museum.

Zu der mehrere Zehntausend Stücke umfassenden Sammlung gehören die Dermoplastik eines Nilkrokodils, der vollständig erhaltene Schädel eines Höhlenbären und ein präparierter Kiwi aus Neuseeland.

Stadtpark mit Luthergarten

Die ehemaligen Wallanlagen legen sich wie ein grüner Gürtel um die Wittenberger Altstadt. Im mehrteiligen ***Stadtpark*** und am ***Schwanenteich*** gibt es viele dendrologisch kostbare Gehölze, darunter Platane und Sumpfzypresse. Zu ihnen gesellen sich Ginkgo, Trompetenbaum und Blasenbaum. Die Anlagen gestaltete im Zuge der sogenannten Entfestung Friedrich Eunike, ein pensionierter Militär, der in der friedfertigen Gärtneraufgabe seine Erfüllung im Ruhestand fand. Eine Stele im westlichen Teil des Stadtparks erinnert an ihn.

Einige Schritte weiter nordöstlich gelangt man zum ***Tierpark***. Hier fühlen sich Vertreter von 15 Säugetier- und über 20 Vogelarten wohl, darunter Affen, Erdmännchen, Papageien, Eulen und Greifvögel. In einer aus Festungstagen erhaltenen Kassematte befindet sich Sachsen-Anhalts einziges Kaltwasseraquarium, in dem es 25 Fischarten der Elbe-Elster-Region zu entdecken gibt.

„Auch wenn ich wüsste, dass morgen die Welt zugrunde geht, würde ich heute noch einen Apfelbaum

Denkmal für den Gestalter des Stadtparks

Seite 91 – i

Luthergarten. Anstelle des Kreuzes aus Kieselsteinen installierte 2016 der Künstler Thomas Schönauer sein 15 Meter langes *„Himmelskreuz"* aus Stahl, bestehend aus drei übereinander schwebenden Kreuzen.

pflanzen." Getreu diesem berühmten Luther-Zitat wurden die südlichen Wallanlagen zwischen Markt und Schlosskirche zum Luthergarten umgestaltet. Hier sowie am Neuen Rathaus und am Lutherhaus wurden bis 2017 genau 500 Bäume gepflanzt – für jedes Jahr Reformation ein Baum. Und wen wundert's: Darunter sind sehr viele Apfelbäume.

Zum Reformationsjubiläum stimmen in den Wallanlagen sieben ***„Tore der Freiheit"*** auf die Nationale Sonderausstellung ein. Die Installationen der Kunst- und Architekturstudenten ermöglichen beispielsweise mit dem Aussichtsturm am Wittenberger Bahnhof einen Perspektivwechsel, mahnen auf dem Schwanenteich mit originalen Flüchtlingsbooten aus dem Mittelmeer das Schicksal der Asylsuchenden an, verkörpern auf dem Bunkerberg mit sich kreuzenden Edelstahl- und Metallstegen „Die Suche nach mir selbst". Letztgenanntes Kunstwerk bleibt auch nach dem Jubiläum auf der kleinen Anhöhe bestehen, die dadurch eine völlig neue Gestaltung erfahren hat.

Asisi-Panorama „Luther 1517"

Anlässlich des Reformationsjubiläums errichtete der Maler und Architekt Yadegar Asisi in Wittenberg ein 360-Grad-Panorama. Die aus unzähligen Einzelfotos zusammengesetzte, aufwendig retuschierte Collage versetzt, mit Ton- und Lichteffekten inszeniert, die Besucher stimmungsvoll in die Lebenswelt des Martin Luthers – 500 Jahre zurück!

Das eigens dafür geplante weinrote Rondell entstand 2016 auf dem Gelände des zu DDR-Zeiten errichteten Kulturhauses in der Lutherstraße, nicht weit vom Lutherhaus entfernt, und bleibt bis 2021 an diesem Ort.

Hundertwasser-Gymnasium

Seite 91 i

Nach Entwürfen des Österreichers Friedensreich Hundertwasser wurde das Luther-Melanchthon-Gymnasium von 1995 bis 1999 umgebaut. In der bunten Formen- und Bildersprache des Künstlers hatten die Gymnasiasten 1993 Ideen für ein neues Erscheinungsbild ihrer sanierungsreifen Plattenbauschule vom Typ „Erfurt" entwickelt. Mit einem Brief nach Wien gewannen die Wittenberger die Unterstützung Hundertwassers. Dieser sprach von einer „... bewaldeten, bewandelbaren Dachlandschaft, wo die Vielfalt der Spontanvegetation sich mit der Kreativität der Menschen trifft, wo Kinderseelen sich entfalten können, wie die Blätter der Bäume des Waldes, der auf dem eigenen Dach wächst." Er lieferte einen honorarfreien Entwurf für die Bauhülle. Das Innere durften die Schüler selbst mit Unterstützung von Künstlern aus der Region gestalten.

Der markante Bau liegt etwas abseits der Touristenpfade in der Schillerstraße 22 a.

Luther-Melanchthon-Gymnasium

Werkssiedlung Piesteritz

i Seite 91

Im Vorort Piesteritz entstand 1915 ein Stickstoffwerk. Das Deutsche Reich wollte sich, mitten im Ersten Weltkrieg, bei dem für die Sprengstoffproduktion benötigten Salpeter vom Weltmarkt unabhängig machen. Später wurde das Werk größter Arbeitgeber der Region. Zwischen 1916 und 1919 war in Piesteritz eine der bemerkenswertesten Werkssiedlungen Deutschlands entstanden. Über 1 000 Menschen fanden eine Heimat im neuen Industriegebiet.

Die unter Denkmalschutz stehende Anlage wurde Mitte der 1990er Jahre saniert. Die Reihen- und Mehrfamilienhäuser sowie die kommunalen Bauten sind einheitlich ockerfarben bzw. beige. Das Gebäude des Lucas-Cranach-Gymnasiums sowie die katholische Kirche „Zur heiligen Familie" (geweiht am 10. Mai 1923, sieben Jahre nach dem Bau des Stickstoffwerkes) bilden sehenswerte soziale Komponenten. Die denkmalpflegerische Leistung wurde 1999 mit dem Bauherrenpreis gewürdigt.

In der Werkssiedlung Piesteritz

Ausflüge in die Umgebung

Die Lutherstadt Wittenberg liegt inmitten einer faszinierenden Natur- und Kulturlandschaft. Weitere Welterbestätten wie die zauberhaften Landschaftsgärten in und um Dessau (mit Wörlitz als besonderem Kleinod), die Inkunabeln der Moderne – Bauhaus und Bauhausbauten in Dessau – sowie die geschützten Auenwälder und -wiesen der Flusslandschaft Mittlere Elbe verlocken zu Erkundungen mit dem Auto, auf dem Rad oder per Schiff.

Wörlitzer Park (20 km entfernt)

Beliebtestes Ziel in der Umgebung Wittenbergs ist das durch seine Aufnahme in die Weltkulturerbeliste der UNESCO geadelte Wörlitz. Der Weg dorthin führt üblicherweise über die neue Elbbrücke südlich der Lutherstadt. Im Vorort Pratau biegt man rechts ab. Besonders reizvoll ist die Route mit dem Fahrrad mitten durch die Elbauen (s. Karte im Umschlag).

Die Wörlitzer Anlagen gehören zum Besten, was englische Gartenkunst je hervorgebracht hat. Entsprechend gut besucht ist das insgesamt 112 Hektar große Gelände; ein Ausflug lohnt zu jeder Jahreszeit.

1763 wurde mit der Gestaltung begonnen, die im Wesentlichen um das Jahr 1800 abgeschlossen war. Das klassizistische Schloss – eigentlich Landhaus – ist das bedeutendste Werk des Architekten Friedrich Wilhelm von Erdmannsdorff (1736-1800). Es wurde 1769 bis 1773 erbaut. Nachhaltig beeindruckt noch heute das original erhaltene Interieur. Bedeutende Kunstschätze beherbergen auch das Gotische Haus und der sogenannte „Eisenhart".

Idylle im Wörlitzer Park

Ein ausgedehnter Spaziergang oder eine Fahrt mit der Gondel erschließt dem Besucher die dendrologische Vielfalt der Gärten mit ihren über 500 verschiedenen Baum- und Straucharten. Sommerkonzerte auf dem Wörlitzer See oder in der Kirche St. Petri, Sonderausstellungen und thematische Führungen ergänzen das reichhaltige Erholungsangebot.

woerlitz-information.de

Coswig (16 km entfernt)

Ein anderer Weg von Wittenberg nach Wörlitz, verbunden mit einer Fährfahrt, führt durch das Elbestädtchen Coswig, wo anhaltisches Gebiet erreicht wird. Türme bestimmen das Bild der Stadt. Der höchste gehört zur Kirche St. Nikolai (1215 erbaut), in der sich ein Abendmahlbild von Lucas Cranach d. J. befindet. Das schmucke Rathaus in der Nachbarschaft der Kirche stammt aus dem späten 15. Jahrhundert, wurde im Nachhinein jedoch stark verändert. Turm und Sonnenuhr sind Zutaten des 20. Jahrhunderts.

Vorbei am Renaissance-Schloss, das anhaltischen Fürstinnen als Witwensitz diente, gelangt man zum kilometerlangen uralten Treidelweg und von dort zur Gierfähre. Sie ermöglicht den Weg ins nun noch sechs Kilometer entfernte Wörlitz.

Oranienbaum (25 km entfernt)

Fünf Kilometer südlich von Wörlitz erreicht man Oranienbaum. Das dortige orangefarbene Schloss, erbaut ab 1683 durch Cornelis Ryckwaert, bildet eine organische Einheit mit dem regelmäßigen Straßensystem der Barockstadt und der auf ovalem Grundriss errichteten Schloss- und Stadtkirche. Die Einheirat der niederländischen Prinzessin Henriette Catharina von Nassau-Oranien, die sich Oranienbaum als Sommersitz ausbauen ließ, brachte nicht nur bedeutende Kunstschätze nach Anhalt-Dessau, sondern auch ein Aufblühen des Ländchens nach den leidvollen Schrecken des Dreißigjährigen Krieges.

Kemberg (15 km entfernt)

Bei einem Ausflug in die Dübener Heide bietet sich ein Zwischenhalt in Kemberg an. Schon von weitem ist der Turm der Kirche „Unser Lieben Frauen" zu erkennen. Das filigrane Backsteinbauwerk geht auf Entwürfe von Friedrich August Stüler zurück und ist als Ersatz für einen 1854 eingestürzten Vorgänger errichtet worden. Die Kirche selbst stammt aus der Mitte des 14. Jahrhunderts und zeigt in ihrem Inneren Formen der Gotik, aber auch schon der Renaissance. Ein von Lucas Cranach d. J. 1565 gemalter Flügelaltar wurde 1994 Opfer eines Schwelbrandes. Die restaurierten Reste können heute in der Sakristei besichtigt werden.

Pagode im Garten von Schloss Oranienbaum

Bad Schmiedeberg (26 km entfernt)

Mit Bad Schmiedeberg ist das Waldgebiet der Dübener Heide erreicht. Die Kleinstadt besitzt von ihrem ehemaligen Befestigungsgürtel nur noch das Au-Tor, das sich wieder in alter Pracht zeigt. Dominanten im Stadtbild sind die Stadtkirche mit ihrer Ausstattung aus der Zeit nach dem Dreißigjährigen Krieg und das Rathaus von 1570, das nach der Zerstörung 1648 umgebaut wurde. Im Geiste des Jugendstils der 1920er Jahre entstand das imposante Kurhaus. Die Kurtradition begann 1878 mit der Einrichtung eines Eisenmoorbades und sorgt bis heute für Gäste aus nah und fern.

Wittenberg liegt direkt am beliebten ***Elberadweg***, der hier sogar auf mehreren parallelen Routen verläuft. Der europaquerende ***R 1*** und der ***Radweg Berlin – Leipzig*** kreuzen die Region ebenfalls. Ankerplätze für ***Wasserwanderer*** mit Motor- oder Segelboot sowie Kanu bieten der Sportboothafen am Brückenkopf sowie Clubs und Vereine in der Dresdener Straße. Bei Ausflügen mit dem ***Fahrgastschiff*** ab Anleger Rheinstraße kann beispielsweise das ***Biosphärenreservat Mittlere Elbe*** erkundet werden.

i Seite 91/92

Reinharz (30 km entfernt)

Von Bad Schmiedeberg aus lohnt ein Abstecher nach Reinharz. Das Wasserschloss ließ Hans von Löser, sächsischer Staatsminister im Dienste Augusts des Starken ab 1696 errichten. 68 Meter hoch ist der auf oktogonalem Grundriss erbaute Turm, in dessen Laterne Löser astronomische Studien betrieb. Die Entlegenheit des Ortes bot immer wieder Anlass zu mystischen Volkserzählungen, beispielsweise von der alten Gräfin, die auf knorrigen Beinen, fackeltragend durch die nächtlichen Schlossgänge irrte.

Bagger in Ferropolis

Ferropolis (30 km entfernt)

Bei Gräfenhainichen, auf der Halbinsel im Gremminer See, lädt die „Stadt aus Eisen“ Ferropolis sowohl als beeindruckendes Freilichtmuseum der Industriegeschichte (260 000 m² großes Areal der ehemaligen Braunkohlenförderung) als auch als Event-Location (14 000 m² große Arena) zu Festivals und Sportereignissen ein. *www.ferropolis.de*

Adressen und Öffnungszeiten

Zeughaus – Museum der Städtischen Sammlungen
Arsenalplatz/Juristenstraße 16a, Tel. (0 34 91) 4 32 44 55
Öffnungszeiten: Di bis So 9-17 Uhr, letzter Einlass 16.30 Uhr

Ratsarchiv
Juristenstraße 16, Tel. (0 34 91) 62 84-121, -123 oder -125
Öffnungszeiten: Di und Mi 9-12 und 13- 16 Uhr und nach telefonischer Absprache

Luther-Melanchthon-Gymnasium ***www.hundertwasserschule.de***
Schillerstraße 22 a, Tel. (0 34 91) 88 11 31
Info-Raum, ***Führungen*** (innen und außen) nach Vereinbarung

Werkssiedlung Piesteritz ***www.wohnen-psg.de***
Karl-Liebknecht-Platz, Tel. (0 34 91) 61 47 15; ***Führung*** nach Vereinbarung

Werkstatt für historische Musikinstrumente
Pfaffengasse 5, Tel. (0 34 91) 40 40 11, Herstellung von Saiteninstrumenten wie zu Luthers Zeiten, Jörg Dahms erklärt und zeigt die einzelnen Schritte des Instrumentenbaus, ***Führungen:*** nach Vereinbarung (in deutsch und englisch möglich)

Tierpark Wittenberg ***www.tierpark-wittenberg.de***
Pfaffengasse 8, Tel. (0 34 91) 40 55 81
Öffnungszeiten: Sommer 9.30-19 Uhr, Winter 9.30-16 Uhr

alaris Schmetterlingspark ***www.schmetterlingspark-wittenberg.de***
Rothemarkstraße 131, Tel. (0 34 91) 66 63 80
Öffnungszeiten: April bis September täglich 9.30-17.30 Uhr, Oktober täglich 9.30 Uhr bis Dämmerungsbeginn (max. 16.30 Uhr)

Wittenberger Passagierschifffahrt und Wittenberger Altstadtbahn
Chartercenter am Schloss, Schlossstraße 16, Tel. (0 34 91) 7 69 04 33
Öffnungszeiten: Mo bis Fr 10-17 Uhr, Sa 10-13 Uhr sowie nach Vereinbarung
Wittenberger Altstadtbahn: Tel. 0151 62619084
Stadtrundfahrt inkl. Hundertwasserschule ca. 1 Stunde
An- und Abfahrt an der Tourist-Information

Asisi-Panorama Wittenberg ***www.wittenberg360.de***
Lutherstraße 42, Tel. (0 34 91) 4 59 49-10
Öffnungszeiten: täglich 10-18 Uhr ***Führungen:*** täglich 11 und 15 Uhr

Stiftung Luthergedenkstätten in Sachsen-Anhalt ***www.martinluther.de***
Collegienstraße 54, Tel. (0 34 91) 4 20 30

Buchhandlung Verbo Solo
Collegienstraße 9, Tel. (0 34 91) 50 56 06

ALPHA-Buchhandlung ***www.alpha-wittenberg.de***
Schlossstraße 27, Tel. (0 34 91) 40 40 27

Thalia-Buchhandlung
Arsenalplatz 1, Tel. (0 34 91) 45 90 20

Freizeit • Essen • Übernachten

Theater

CLACK Theater (Revue, Kabarett, Travestie, Chanson, Zauberei, Kammerspiel)
Markt 1, Tel. (0 34 91) 45 92 45
www.clack-theater.de

Phönix Theaterwelt Wittenberg
(Musical, Oper, Operette, Schauspiel, Lesungen, Kindertheater, Kabarett)
Wichernstraße 11a, Tel. (0 34 91) 42 07 02
www.theater-wittenberg.de

Brett'l Keller (politisches Kabarett)
Rothemarkstr. 131, Tel. (0 34 91) 66 63 80
www.brettl-keller.de

Kino

Central Kino Wittenberg
Sternstraße 12-13, Tel. (0 34 91) 40 22 21
www.centralkino-wittenberg.de

Freizeit und Sport

Sport- und Freizeitbad
Möllensdorfer Straße 13 c
Tel. (0 34 91) 66 99 88

Schwimmhalle Wittenberg
Parkstraße 40, Tel. (0 34 91) 50 62 40

Fahrradverleih
Fahrradhaus Kralisch, Jüdenstr. 11, Tel. (0 34 91) 40 37 03 ***und*** M+B Fahrradladen, Coswiger Str. 21, Tel. (0 34 91) 40 28 49

Reiterhof Doris Rauschning
Am Reiterhof 6, Tel. (0 34 91) 61 33 52

Reit- und Fahrstall „Mühlengrund"
Mühlenweg 10, Tel. 0177 20 76 572

Tennisclub Wittenberg
Möllensdorfer Str. 16, Tel. (03491) 40 02 88

Marineclub Wittenberg
Dresdener Str. 157, Tel. (0 34 91) 41 49 69

Wassersportgemeinschaft
Dresdener Str. 175, Tel. (0 34 91) 45 41 29

Ruder-Club Wittenberg
Dresdener Str. 160, Tel. (0 34 91) 40 31 25

Essen und Trinken

Wittenberg besitzt viele Restaurants und Cafés. Dem Rathaus gegenüber im Beyerhof findet man das „Brauhaus Wittenberg" (Markt 6, Tel.: 03491-433130) mit Hausbieren und deftigen regionalen Gerichten (täglich ***Bierführung*** um 16 Uhr, Bierseminare nach Anmeldung). ***Kartoffelspezialitäten*** werden im ältesten Gasthaus der Stadt, dem „Schwarzen Baer" (Schlossstr. 2, Tel.: 03491-4204344) gereicht. Entspannt ***italienisch*** sitzt man im oder vor dem „Café am Holzmarkt" (Mittelstr. 1, Tel.: 03491-402872). Eine Empfehlung sind die handgefertigten ***WittenBurger*** im gleichnamigen Restaurant (Markt 15, Tel.: 03491-8763113) und wenige Schritte weiter östlich wird man auf der Suche nach ***Bio-Produkten*** im „Café Klatschmohn" (Kirchplatz 9, Tel.: 03491-506650) fündig. Wer inmitten von (verkäuflichem) ***Wohn-Design*** eine Tasse Kaffee und hausgebackenen Kuchen genießen möchte, ist im „Kronhaus" (Collegienstr. 52, Tel.: 0176 22922050) richtig.

Übernachten

Direkt ***am Markt*** in historischem Ambiente steigt man im heute zum „Brauhaus" gehörenden „Goldenen Adler" (Markt 7, Tel.: 03491-404137) bei bequemer Anreise über die Wallstraße ab. Im Erdgeschoss lädt die Charles Bar zum Verweilen ein. In ***grüner Umgebung*** (6 km zur City) schläft man ruhig im Hotel „Tannenspitze" (Mochauer Weg 41, Tel.: 03491-613140) und im Festungshotel „Brückenkopf" (3,5 km zur City, Brückenkopf 1, Tel.: 03491-4540). Hier kann man auch im eigenen ***Zelt oder Wohnmobil*** übernachten. Vor gleicher Wahl steht man im ***Hostel*** (Hallesche Str. 32, Tel.: 0151-58160290). Mit kleiner Reisekasse schläft man ebenso in der ***Jugendherberge*** (Schlossstr. 14/15, Tel.: 03491-505205) gut.
www.lutherstadt-wittenberg.de